JN267748

華人系資本の企業経営

王 効平

日本経済評論社

はしがき

　「華僑」,「華人」,「華人資本」などの言葉は人々にとってなじみのある表現として広く使われているが,必ずしも明確に定義された上でのものではない.本書では,中国本土外に定住している中国系の人々をその現地国籍の取得如何を問わず「華人」と称し,「華人資本」は華人によって創業され,経営支配されている企業ないし事業に限定して使用することとする.近年,国籍法に照らし合わせて中国または台湾両当局によって認められる中国国籍を有する者を「華僑」,居住国の国籍を取得した者を「華人」と区別されてきているが,前者の総数が極めて少ないことに鑑み,あえて「華人」に統一して使う.中国地域と称する地理的概念は中国大陸,台湾,香港とマカオを含む地域を指す.しかし,大陸外3地域は一時的に植民地になった歴史を有し(台湾は第2次大戦終了までの50年間日本に占領・支配され,香港とマカオは20世紀末までイギリスとポルトガルの植民地となった),中国大陸側と政治社会体制が異なるこれら地域の中国系資本が自由に海外投資を行い,海外華人資本と一体となって共同事業を展開させ,対中国本土投資にも類似の行動パターンが一般的に見られるため,中国本土の資本と区別させ,海外「華人資本」と同じ範疇に入れ,「華人系資本」という呼称を用いることにした.

　既存の華人に関連する研究については大きく,①華人(社会)生成に関する歴史的考察,華人文化研究,②急成長するアジア経済のなかの華人の資本的膨張に対する関心に基づいた研究に二分することができる.後者は経済的アプローチが中心をなし,特にアジア地域の高成長に伴う「局地経済圏」研究ブームのなかで直接投資や貿易活動を担う重要なアクターの1つとして華人ないし華人系資本の存在をクローズアップさせた.しかし筆者の関心領域

（企業分析，国際経営比較）に即して考えれば，これまで華人系資本に関する断片的な紹介や個別事例の調査研究はあったが，経営学的アプローチを根底にした著書は皆無に等しく，もどかしく感じてきた．

　華人経済・華人資本に対する経済分析アプローチも，当地域における貿易，直接投資の主役との認識をとりながら，海外華人の経済・経営構造の解明が必ずしもできていない．研究を阻害した主要因として華人居住地域の分散性，各国の政治・社会的立場・地位の相違，所属国の経済発展段階の違いなどから，国民経済の視点に基づく調査，統計作成，分析作業が不可能に近く，マスメディアに注目された割には，客観的分析ができないことがあげられる．

　また，さらに複雑な要因が華人系資本企業経営に対する構造分析を一層困難にしている．華人系企業経営をめぐる（またはそのバックグラウンドをなす）上述の華人経済の状況がつかみにくいこと，主要居住国の政策的制限，複雑な民族問題の存在があるためでもあるが，元来アンケート調査にも，インタビューにも華人系企業の経営者が往々にして極めて消極的（閉鎖的）な対応しかみせないこと，さらに上場には必ずしも積極的ではなく，また上場企業でも，その歴史がまだ浅いなどの理由をあげることができる．したがって，億万長者に関する「英雄伝（成功物語）」，ビジネスマン向けの「華僑商法」のような読み物は散発的に見られても，経営学の視点から研究成果が生まれてこなかったのである．

　このような問題意識を持ちながら，筆者は1991年以来，いくつかの共同研究プロジェクトにおける現地調査報告，国際東アジア研究センターの「華僑・華人経済圏に関する実態分析」，アジア経済研究所と九州経済調査協会（合同プロジェクト）の「九州のアジア化戦略」，アジア太平洋センターの「地域企業のグローバル経営戦略」，日本財団助成の「華人と世界経済」などにかかわってきた．さらに95〜96年にかけての調査（カリフォルニア大学バークレー校訪問研究の間，サンフランシスコ湾域における華人系企業の実態調査を実施）および文部省科研調査（「アジア系企業ネットワークに関する比較研究」）で得た資料や認識をもとに整理したものが本書である．確信が持てる

枠組みでの掘り下げが不十分であることを承知しながら，今後の研究のためのステップとしたい．本書の構成は以下のとおり．

　第1章では，華人社会と華人資本全体の様態と発展動向を追跡している．二重構造をキーワードに，華人人口分布，環境変化に伴う移民社会内部の分化，これらを背景とする華人系資本の事業展開を取りあげた．

　第2章は，企業家精神に焦点を絞って，異なる環境下における華人系資本の活発な企業活動の源泉を探ってみた．一部の経済学者，社会学者による「企業家精神」の定義づけ，その本質分析の枠組みを整理した上で，華人系資本による創業パターンを伝統型と知識型に二分し，それぞれの特徴を分析した．「冒険精神」に象徴される（狭義的）企業家精神は中国文化または中国人の思想構造に固有なものではなく，生活（事業）環境の変化に起因する側面が大きいと考えるが，伝統型の事例紹介が広くなされているため，ここでは特に知識型の代表的ケースとしてYahoo!, Computer Associate International, PCCの3社を取りあげ，創業者兼経営者の企業家的な資質，事業経営に見られる企業家精神を考察した．海外華人系資本の企業財務構造には一般的に保守性と穏健性が認められる反面，事業機会の捕捉にあたってはその「冒険」志向（多角化とグローバル化）が広く確認されるように，興味深い行動様式を見せている．

　第3章では企業統治構造（コーポレート・ガバナンス）分析の視点から，華人系企業経営の特徴づけを試みた．欧米日系企業統治構造の特徴，課題を概観した上で，華人系資本の企業統治のあり方，経営組織，意思決定への影響，幅広く見られる同族経営支配の是非を問いかけてみた．初代創業者世代から2代目，3代目への所有・経営権移譲が子弟，親族中心に進められる現象と内実について一部調査資料を用いて分析している．

　第4章では，華人系資本の財務構造分析を試みており，資金調達様式の変化，資本構成分析（自己資本比率，負債比率などの指標）と収益分析（売上利益率，株主資本利益率指標）にウエイトをおいた．韓国系資本や日系資本との比較も心がけた．企業財務に関する時系列的データの蓄積が不可欠であるが，

入手可能な資料をもとにしており，主に台湾系製造業企業ランキングおよびアジア華人系上位500社のデータを手がかりにしているため，制約があることを認識している．

　第5章ではいわゆる華人系資本のお家芸とされてきた「ネットワークビジネス」に対する認識と検証を行った．ネットワークの経済性または効用を認めた上で，伝統的縁戚ネットワークの構造紹介にとどまらず，それより一歩進んで，国境を越えたネットワーク取引および産業組織関係の構築について，事例を通じて考察した．

　第6章では特定地域の華人系製造業資本の競争力分析を試み，台湾系資本を対象に，その企業間関係（生産システム）構築の特徴を分析した．業種として電子通信産業と自動車部品産業に焦点を当てた．台湾系資本の国際事業展開における中国大陸との関係，つまりその位置づけをも合わせて探った．

　第7章は1997年に発生したアジア金融危機の真因と華人系資本への影響について，統計指標と実態調査で得た資料をもとに分析を試みた．華人系資本が最も集中している地域（タイ，インドネシア，マレーシア）で金融危機が発生したため，これら諸国に対するコネ資本主義批判が政治のみならず，華人系資本にも向けられている．政治・経済システムが共にグローバリズムの受容を求められるなか，華人系資本の企業経営のあり方，今後の事業経営の動向が当然注目される．

　危機の発生を契機に，「アジアシステム」，「アジア型」批判が巻き起こっているが，果たしていわゆる欧米基準であるグローバルスタンダードが移植され，定着されうるのかについて疑念を抱かざるを得ない．経済・経営システムには技術的要素のほかに，それを支える社会システムがあることが軽視され（忘れられ）ているのではないかと疑問に思う．グローバル化とは同一化ではなく，多様化（または多様性）の受容であるという視点が抜け落ちているのではないか．企業経営を基礎づける文化的，社会的価値観は容易には変わらず，こうした異なる価値観がぶつかり合いながら共存していくことが本来の意味でのグローバル化の姿ではないかと考えている．金融危機の発生

が，アジア経済システムとともに華人系資本の企業経営のあり方についても考える契機を与えてくれたのである．

　筆者が華人系経済研究にかかわりを持ったきっかけは，(財)国際東アジア研究センター在職中(1990年4月〜92年3月)にある研究プロジェクトに参加したことであった．華人経済研究の重鎮でいらっしゃる游仲勲先生が主査を務めるプロジェクトの事務連絡役として研究会，現地調査に参加するなかで華人系資本と向き合うことができ，以来游先生を中心とする研究グループのメンバーである涂照彦先生，岩崎育夫先生，樋泉克夫先生，山岸猛先生，窪田新一先生，中西徹先生方からご教示を仰ぐ機会に恵まれてきた．この間はアジア経済にウエイトをおいた地域経済圏研究ブーム期にあたり，香港返還やアジア金融危機の発生など華人系資本の企業経営に直に影響を及ぼす激しい環境・情勢変化も加わったことや，1995年から96年にかけて1年間カリフォルニア大バークレー校に滞在した際サンフランシスコのチャイナタウン，シリコンバレーにおける華人系企業・団体のヒアリングができたことは，研究対象に対する関心を一層高めてくれた．游先生から今までの発表原稿を1冊にまとめてみてはとアドバイスを受けてから3年余りたつが，異なるプロジェクトでの研究分担・報告を一本の線で繋げにくく，アジア経済をめぐる激しい環境変化もあったこと，ミクロの視点から十分に納得できる分析ができないでいることもあり，なかなか実現に至らなかった．

　このたび，ようやく研究成果をまとめることができ，これまで多大なご支援，ご教示をいただいた数え切れない方に感謝の意を申し上げなければならない．まず，九州大学在学中の指導教授西村明先生の親身なご指導に深謝する．また，游仲勲先生をはじめとする上掲研究グループの先生方，バークレー校のL. Ling-chi Wang教授，シリコンバレーのMonte Jade Science & Technology AssociationのJudy Chou女史，サンフランシスコにある華字紙「世界日報」の劉取材部長から貴重なアドバイスをいただいた．シンガポール中華総商会の馮仲漢社会事務部長，張楚和研究出版部主任，シンガポール日本文化協会会長(元シンガポール駐日本大使館公使)の顔尚強先生，台湾

中国経済企業研究所長（中華経済研究院元院長）于宗先先生，香港浸会大学名誉教授黄枝連先生，香港中文大学新亜書院教授（後に台湾国立中正大学管理学院院長に転任，現故人）林聰標先生，中国銀行香港・マカオ管理処事務局長張徳宝氏には，東アジア関連地域で華人系資本を訪問する際，調査対象の紹介にあたって多大なご支援をいただいた．科研プロジェクトの共同研究では静岡県立大学の尹大栄先生，武蔵大学の米山繁美先生から枠組み作りについて貴重な見解を吸収することができた．東アジア総合研究所の姜英之所長はアジア地域経済・局地経済への関心を高めてくださり，研究報告の場を幾度も提供していただいた．西南学院大学の小川雄平教授にはいろいろな学会活動に熱心にお誘いいただいた．合わせて心より謝意を申し上げたい．

開放的な研究環境を与えてくれた北九州大学，特に暖かく寛容的に小生の現地調査，学外共同研究活動を見守り，支援してくれた経済学部の同僚，大学事務局スタッフのおかげで今までの研究を一区切りすることができた．なお，本書の出版に当たって，北九州大学より一部助成を受けた．本書内容におけるいかなるミス，事実誤認もすべて小生自身の責任に帰するものである．

最後に，出版事情が芳しくないなか，本書の出版を快くお引き受けいただいた日本経済評論社の栗原社長，原稿作成にあたっての小生の不手際を辛抱強く見守って下さった奥田のぞみさんに，心より感謝とお詫びの意を申し上げたい．

　　　　2001 年 3 月

　　　　　　　　　　　　　　　　　　　　　　　　　　　著　者

目　次

はしがき

第 1 章　華人社会の変遷と華人系資本の動向 …………………………… *1*

　1. 問題提起　*1*
　2. 環境変化と華人社会の変遷　*2*
　3. アイデンティティの変化とチャイナタウン　*13*
　4. 華人系資本の動向　*18*
　5. 「華人的」企業経営　*24*
　むすび　*26*

第 2 章　華人系資本の企業家精神 ………………………………………… *31*

　1. 問題提起　*31*
　2. 企業家精神とは何か　*32*
　3. 華人系資本におけるケース・スタディ　*41*
　4. 企業家精神の発揚は続くか──むすびにかえて　*54*

第 3 章　華人系資本の企業統治構造 ……………………………………… *59*

　1. 問題提起　*59*
　2. 世界主要国の企業統治パターン　*60*
　3. 華人系資本の企業統治構造　*65*
　4. 統治構造形成の背景　*71*
　5. 同族経営の是非をめぐって　*75*

6. 事業継承の現状と課題　*78*
   むすび　*85*

第 4 章　華人系資本の財務構造 ………………………… *91*

   1. 問題提起　*91*
   2. 資金調達　*92*
   3. 安全性分析　*95*
   4. 収益性分析　*105*
   むすび――華人系資本に対する財務分析の制約　*111*

第 5 章　華人系資本の事業ネットワークの変遷 ……………… *113*

   1. 問題提起　*113*
   2. 伝統的華人ネットワーク　*114*
   3. 華人系資本と中国地域相互の経済関係　*119*
   4. 事業ネットワークの構築事例
        ――中国での買収・合併による企業グループ形成　*129*
   5. 隠れたネットワークから開かれたネットワークへ　*136*

第 6 章　華人系製造業資本の競争力評価 …………………… *141*

   1. 問題提起　*141*
   2. 台湾系資本の競争力分析　*142*
   3. IT関連産業の生産システム分析　*149*
   4. 機械産業における台湾系資本の競争力評価　*158*
   5. 伝統製造業にみられる構造調整　*165*
   むすび　*167*

第 7 章　アジア金融危機と華人系資本 ……………………… *173*

   1. 問題提起　*173*

2. 金融危機発生の原因をめぐって　*174*
 3. 華人系資本が被った影響　*177*
 4. タイにおける現地企業ヒアリング調査　*187*
 5. 金融危機の示唆する意味　*191*
 むすび——華人系資本研究の課題と展望　*193*

索　引

第1章
華人社会の変遷と華人系資本の動向

1. 問題提起

　1990年代の国際経済（または地域経済）および国際経営研究におけるキーワードとして，「華人」,「華人資本」が重要な位置を占めているように思われる．90年代初頭，「華僑・華人経済圏」や「中華経済圏」または「華南経済圏」と題する研究プロジェクトが数多く組まれた．経済のブロック化・地域化の流れのなかで，海外華人の人的・資本的ネットワークを媒介にした地域間経済交流の拡大，狭い意味のブロック化と質を異にする広域経済圏の形成に，幅広い関心が寄せられた．また，台湾と香港を含む海外華人資本は伝統的「商業資本」の性格を変えずに取引規模，領域を拡大させていくだけなのか，それとも中国本土や東アジア一部地域での製造業，基礎インフラ向けの大規模投資や北米でのハイテクベンチャー創業ブームと台湾パソコン関連産業の高成長を契機に産業資本に変身していくのか，欧米，日系資本にとってパートナーなのか，それとも競合相手なのかに対する関心も非常に高かった．
　1997年に発生したアジア金融危機を契機に，アジア経済や，当然であるが華人系経済や華人資本に対する認識や評価も大きく変わっている．一時的な景気変動や環境変化により元気を失ったように見え，学界における関係テーマ研究の熱意も急にさめた感が否めないが，現象面の変化にとらわれずに，継続的研究対象として華人系経済や経営の本質は何かを探求すべきであると

考えている．

　中国本土を離れて父祖の地と異なる文化，社会制度の下で，華人はいかなるアイデンティティの変化を経験し，どのような企業文化を創出してきたのか，差別または強制同化政策をとる東南アジア諸国と多元文化政策をとる北米，大洋州諸国での華人社会，特に華人系資本とその企業経営にどのような異同を見出せるかに深い関心を抱いている．しかし本書では，「華人系資本の企業経営」と題し，企業統治構造，企業家精神，財務構造および事業取引パターン（ネットワーク構築のあり方）などに焦点を絞って分析を試みた．

　第1章では，2章以後の分析につないでいくために，公刊されている統計資料および数度にわたる華人団体・組織と華人系企業に対するヒアリング調査（特に北米における研究調査）の結果も踏まえて，華人系企業経営のバックグラウンドをなす華人社会，経済の様相を概観することにする[1]．

2. 環境変化と華人社会の変遷

(1) 中国人の海外移住とその境遇の変遷

　言うまでもなく海外華人のルーツは中国にあるが，中国人の海外流出ブームは対外通商が盛んな唐代と明代，アジア地域が植民地略奪政策を推進していた欧米列強の侵略を受けた清代末期を中心に起こった．通商で海外に渡って住みついた人々は少数であり，大半は植民地宗主国によるアメリカ大陸開拓，南洋（東南アジア，大洋州）開発のための労働力調達によって集中的に中国南東部地域から連れ出されたか，戦乱を逃れるため自ら脱出した人々である．したがって，「唐人」，「漢人」，「華民」，「華工」，「華商」，「華僑」などのように様々な呼称で呼ばれてきている．清末以来の幾度にわたる「国籍法」の制定，改定を経て，中華人民共和国成立後には二重国籍が否定された．中国籍を有する者のみが「華僑」，移住国の国籍をとった者は「華人」と呼ばれるようになった（以下では包括的概念として華人という表現を使う）．華人が最も広く分布し，居住している地域は東南アジアである．現地化の進

表1-1　ASEANにおける華人人口（推定）　　　　　（単位：千人）

国　別	シンガポール学者 1985年	日本学者 1991年	中国学者 1991年	欧米学者 1992年	推定 1999年
ブルネイ	54.15	100	55	40	55
カンボジア	—	—	—	—	500
インドネシア	4,166	6,200	5,000	5,000	7,000
ラオス	—	—	—	—	60
マレーシア	4,214.282	4,960	4,531	5,310	5,600
ミャンマー	—	—	—	—	500
フィリピン	699	2,200	1,000	1,000	1,000
シンガポール	1,856.237	1,945.2	1,922.66	2,090	2,300
タイ	6,000	4,500	3,500	10,000	6,000
ベトナム	—	—	—	—	800
合計					23,815

出所：顔尚強『シンガポール日本商工会議所月報』2000年10月号．

展で，正確な数字はつかみにくいが，東南アジアには約2,400万人，全世界では2,600～2,700万人と推定される[2]（表1-1）．

　華人の東南アジアにおける立場は幾度も変化してきた．植民地主義の草刈り場になる前，商売で渡った華商は土着の統治者や商人からアラビア，インド商人と同等に扱われていた．ヨーロッパ植民主義者が当地域を相次いで支配下に置いた後，経済関係が多様化・複雑化の様相を見せた．初期には，現地社会と植民地者の間の仲介者としての地位を確立した．1880年代以降，ヨーロッパ資本によるプランテーション，鉱業，銀行業，商業への集中参入に伴い，一部華人は新規労働者として中国から調達され，現地での生産活動に従事するが，既存各業種部門において華人資本は植民地者資本と平等に競争できなくなった．特に現地の民族主義が顕著になるにつれて，華人資本と土着資本との商業分野における競争は政治的・民族的色彩を帯びるようになった．

　第2次大戦終了後，植民地支配の崩壊に伴って，華人資本は独立を勝ち取った現住国の土着民族主導の政権，民族体と協力関係の構築に迫られた．東南アジア新興国家の政府が実施した政策には，外国資本と華人系資本の活動

を制限し，土着民の事業を集中育成する内容が含まれる．具体的には土着民優先措置の一環として貿易業の免許制度の新設，保護関税の適用，土着民向けの融資優遇策が施行された．これにより，華人系資本は少なからず既存の事業分野から締め出された．このような規制策に対応するべく，土着民を所有権の代表者にし，華人が実質的な経営支配権を握る形のいわゆるアリババ型事業運営パターンが誕生した．また一部の国では土着官僚，軍人，政治家に接近し，制限緩和・保護を求めて，共同事業を遂行する護身術が生まれてくる．

この30数年間に及ぶ経済開発推進政策に合わせて，先進資本主義国の多国籍資本との共同事業，民間資本の事業拡張支援策の利用，中国地域（台湾，香港，中国）の経済開放・地域経済統合へのコミットメントにより，華人系企業の多くは経済の多角化，国際化を遂行し，成長を成し遂げた．ASEANのなかで，華人は経済面で一定の成功を収めたが，現地化（同化と政治参加）の面では依然として大きな課題を抱えているのが現実である．

(2) 北米における初期の華人排斥運動[3]

華人のアメリカ大陸への移住の歴史は，1840年から1882年までの労働者の大量移住期，1882年から1943年までの厳しい排斥期，1943年から1965年までの緩和期，1965年から今日までの開放期に分けることができる（図1-1）．1840年から19世紀末までに約240万人の中国人が海外に移住し，アメリカ本土に32万人，ホノルルに5万人渡ったとされる．香港とマカオという2つの国際貿易港に近い広東省珠江デルタの住民は，新興国家のフロンティア開発に労働力を求めていたアメリカ大陸，大洋州へ容易に移動することができた．北米に広東出身者が大量に集まったのはゴールド・ラッシュの時期にあたり，北カリフォルニアのサンフランシスコ市がいまだに旧金山と呼ばれているゆえんである．中国人採金労働者の大量進出は白人採金者の反発を買い，華人排斥につながった．1852年，カリフォルニア州議会は金鉱を採掘する外国人（当時は華人）に月3ドルの税金を課すという内容の法令

図 1-1　米国における華人系移民人口の推移

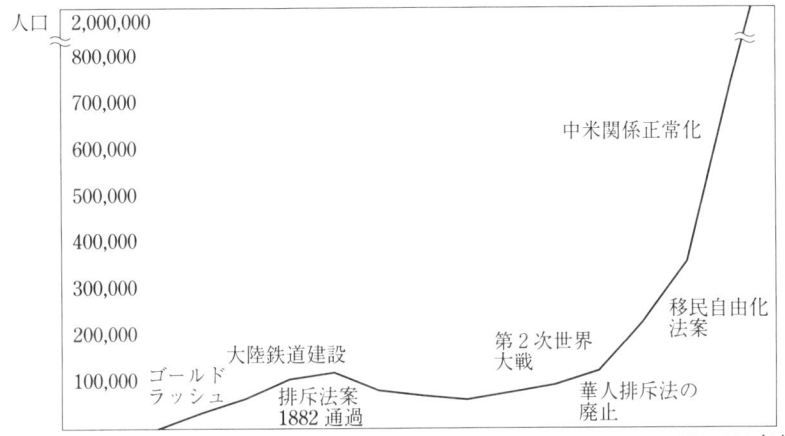

出所：Him Mark Lai, Joe Huang & Don Wong, *The Chinese of America 1785～1980*, Chinese Culture Foundation, San Francisco, 1985. 作者が若干加筆した．

を採決した．1852年から70年までの間，当該税収はカリフォルニア州総税収の約半分を占めたという．1860年代，アメリカ大陸横断鉄道の敷設が行われ，セントラル・パシフィック・レールウェイ社（Central Pacific Railway Co.）は1万2,000～1万4,000人の華人労働者を雇用し，うち1割が厳しい環境，作業事故などで命を落とした．米国西部開発の必要上，1868年に清政府と米国政府との間に両国民の自由往来を認める条約が交わされ中国人労働力雇用が自由化された．1870年代には毎年平均1万2,000人の華工が西部に流れ込み，サクラメント川域の土地改良，カリフォルニア全域における農園，ぶどう園開拓，炭鉱，漁業に従事し，また一部は工場労働者として雇用された．華人はカリフォルニア総人口の約10％足らずでありながら，労働力の約20％以上を占めてきた．

この時期，華人の最大の雇用主はカリフォルニア経済を独占した大地主，新興企業や鉄道会社であり，彼らは廉価労働力の最大受益者であった．彼らは，華人労働者と白人労働者との間の軋轢を利用して労働運動の発展を抑制

してきた．1870年代の不景気時に，白人労働者，商人，中小農場主・工場主は不満の矛先を大企業に向け，同時に華人にも向けた．サンフランシスコは華人排斥運動の発祥の地となった．

1867年に「太平洋沿岸反苦力協会」(the Pacific Coast Anti‐Coolie Association) が結成され，自らの就業機会の喪失，賃金の低下を華人労働者雇用によるものと主張し，華人排斥運動を広めた．1877年に華人排斥運動の急先鋒を担うカリフォルニア労働党が誕生し，79年の州議会で新憲法の制定にあたって大企業制限条例を通過させ，同時に第19条に4項目の華人排斥条項を加えた．1882年の連邦国会で「華工入境禁止10年，外国籍華人の米国国籍取得の禁止」を盛り込んだ法案が成立し，自由無制限移民政策の終結，国籍によって選別する移民枠の設置の開始を告げた．

1888年9月公布の新法令は帰郷華工の再入国を禁止し，1892年に通過したゲアリ法（Geary Act）は82年の華工入境禁止法の10年延長を決定した．中国人役人，貿易商，教師，留学生，観光客は入国可とされてきたが，ほかはすべて華工扱いしたことになる．1902年，1904年の改定を経て，大陸外米国領の島嶼部でも華人の入境を無条件に延期した．1924年の新移民法はさらに日本人，朝鮮人，東インド人およびその他米国領外のアジア・太平洋土着民に対しても有効とした．第2次大戦中，中国が同盟国となったため60年以上に及ぶ同法は撤廃され，在米華人に毎年105名の市民権取得枠が与えられた．しかしこの間も，少なからぬ州は華人（を中心とするアジア系）の不動産取得禁止，白人との婚姻の禁止を定めており，華人の就労先，生活空間はほぼチャイナタウン内に限定されていた．

(3) 華人移民人口と構成の変化

東南アジアにおける現地への同化急進展，統計の不備で海外華人の正確な人口分布はつかみにくいが，一部推定数値を借用すればおおよそ表1-1のとおりである．特に近年，新しい移民先として北米のアメリカ，カナダおよび大洋州のオーストラリアが選好されている．新移民は華人が最も集中してい

表 1-2 華人の新しい主要移住国 (1982-94 年)

出身国	中国大陸			香港			台湾		
移住先	米国	オーストラリア	カナダ	米国	オーストラリア	カナダ	米国	オーストラリア	カナダ
1982-87 年	79,385	4,887	11,788	54,325	21,635	34,221	81,230	2,315	2,782
1987-92 年	116,057	6,242	31,737	69,216	61,881	110,960	76,397	12,300	15,211
1992-93 年	57,761	1,665	10,429	14,010	8,111	38,910	15,736	1,389	7,456
1993-94 年	47,694	1,915	9,447	11,949	4,075	36,510	11,157	779	9,842
1994 年			12,250			43,651			7,328

注：1992 年以後におけるカナダの数字は歴年ベース，米国とオーストラリアは会計年度ベースのものである．
出所：『海外華人百科全書』三聯書店有限公司（香港），1998 年，60 ページ．
原資料：各国政府移民統計．

るASEANからではなく，主権返還決定後の香港からの中産階級の移住が増え，開放政策による出国制限の緩和に伴う大陸側からも留学・親族団欒型（市民権取得者の母国にいる直系親族の呼び寄せを認可するという人道的配慮）の移民が特に顕著である（表 1-2）．

以下では米国における移民人口の推移を概観してみることにする．厳しい華人移民規制，排斥により，米国における華人人口は 1890 年をピークに 1920 年まで下降をたどってきた．1943 年の政策転換を契機に回復に向かったが，1965 年の移民自由法の公布と施行，70 年代に入ってからの中米国交正常化を境に急増を見せるようになった（図 1-1 参照）．1940 年に米国生まれの華人人口が華人全体の 50% 強を占めるようになったが，戦後移民政策の変更を契機とする新移民の急増によって，米国外生まれの華人人口が現地で生まれた人口を上回るようになった．表 1-3 が示すように，民族によって移民増加のテンポが異なり，米国外出生者のウエイトも異なるが，1989 年現在，華人系移民の海外出生率は 63% であり，アジア系全体は米国全国平均の 6.2% をはるかに超えている[4]．

またアジア・太平洋系アメリカ人の 1990 年現在の民族別の構成を表 1-4 に示した．華人系はトップで全体の 2 割強を占めるが全米総人口の 1% 以下にとどまっており，全アジア・太平洋系の合計は全人口の 3% 未満にすぎな

表1-3 米国におけるアジア・太平洋系人口の推移

年	アメリカ全体	アジア全体	華人系	フィリピン系	日系	韓国系	ベトナム系
1900	76,212,168	204,462	118,746	—	85,716	—	—
1910	92,228,531	249,926	94,414	2,767	152,745	5,008	—
1920	106,021,568	332,432	85,202	26,634	220,596	6,181	—
1930	123,202,660	489,326	102,159	108,424	278,743	8,332	—
1940	132,165,129	489,984	106,334	98,535	285,115	8,568	—
1950	151,325,798	599,091	150,005	122,707	326,379	7,030	—
1960	179,323,175	877,934	237,292	176,310	464,332	—	—
1970	203,211,926	1,426,562	436,062	343,060	591,290	69,150	—
1980	226,545,805	3,466,421	812,178	781,894	716,331	357,393	245,025
1990	248,709,873	7,273,662	1,645,472	1,406,770	847,562	798,849	614,547

注:—はデータなしを意味する.
出所:Asian/Pacific Islander Data Consortium (San Francisco, CA: Asian And Pacific Island Center For Census Information And Services, 1992).
原資料:U.S. Bureau of Census, Decennial Censusers of Population.

い.

移住地域を大都市内,大都市郊外区,非大都市圏域の3つに分ければ,アジア・太平洋系は明らかに前二者への集中度が高く(白人の26%に対して45%),非大都市圏域人口のウエイトは白人の4分の1にすぎない.職業分布と密接な関係にあると思われるが,言語能力の制約もあり公共交通の充実,情報交換のしやすさ,すなわち生活の利便性の考慮など異文化の地における新移民特有の価値判断が大都市の圏への集中,様々な民族別コミュニティの形成をもたらした.1950年の大都市圏域における華人居住者は華人全体の92%を占めていたが,70年代に97%に上り,現在もこの傾向は変わらない.華人系人口の80%強が25の主要都市圏に集中しており,近年はチャイナタウンへの集中がある程度緩和され,大都市郊外型の生活スタイルをとる中産階級の層が厚くなってきている.

表1-5に主要都市圏における華人系人口分布を示している.21都市に移住している華人は在米総数の8割近くに及び,ニューヨーク,ロサンゼルス,サンフランシスコ湾域(サンフランシスコ,オークランド,サンノゼの3都市圏

表1-4 アジア・太平洋系米国人の人口構成（1990年）

民族グループ名	人口（人）	アジア・太平洋系比（%）	全米人口比（%）
華人系	1,645,472	22.6	0.7
フィリピン系	1,406,770	19.3	0.6
日系	847,562	11.7	0.3
アジア・インド系	815,447	11.2	0.3
韓国系	798,849	11.0	0.3
ベトナム系	614,547	8.4	0.2
ハワイ系	211,014	2.9	0.1
ラオス系	149,014	2.0	0.1
カンボジア系	147,411	2.0	0.1
タイ系	91,275	1.3	＊
モン系	90,082	1.2	＊
サモア系	62,964	0.9	＊
グアム系	49,345	0.7	＊
トンガ系	17,606	0.2	＊
その他	326,304	4.5	＊
合計	7,273,662	100.0	2.9

注：＊は0.1%未満．
出所：1990年米国人口センサス．

からなる地域を習慣的にこう呼ぶ）の3都市だけで，華人人口の約半分を集めている．サンフランシスコ市都市圏（デーリ・シティ，サンマテオを加えた地域）はもっとも密集しているところで，同市総人口の10.1%，アジア・太平洋系の51%を占めている．チャイナタウンという伝統的華人コミュニティ，ビジネス基地の存在，シリコンバレーというベンチャー・ビジネスの聖地の存在，快適な気候に加えて，様々な便利な生活サービス機能やすべての文化を受け入れる開放的な気風が彼らを引きつけてきた．

(4) 米国における「積極的差別是正措置」の存廃，移民政策の改定をめぐって

アジア・太平洋系アメリカ人が全米総人口の3%を占めるにすぎず，反移民の風潮が強まるなかでは，自らの権益保護のために一致団結を求められ，

表1-5 アメリカ主要都市圏における中国系人口

主要都市圏	アジア・太平洋系の人口	華人系 人口	全市人口に占める割合	アジア・太平洋系に占める割合
ニューヨーク	553,443	246,817	2.9%	45%
ロサンゼルス-ロングビーチ	925,561	245,033	2.8	26
サンフランシスコ	316,751	162,636	10.5	51
オークランド	259,002	90,691	4.4	35
サンノゼ	254,786	65,027	4.3	26
ホノルル＊	413,349	63,265	7.6	15
ボストン	94,362	44,155	1.5	47
アナハイム-サンタ・アナ	240,703	41,403	1.7	17
シカゴ	227,742	40,189	0.7	18
ワシントンDC＊	200,113	39,034	1.9	20
サクラメント＊	109,242	29,558	2.0	27
ヒューストン	125,529	29,345	0.9	23
シアトル	128,656	27,490	1.4	21
フィラデルフィア	103,537	22,311	0.5	22
サンディエゴ＊	184,596	19,686	0.8	11
ナッソー-サフォーク	62,050	18,257	0.7	29
ミドルセックス-サマセット-ハンタードン	56,669	14,883	1.5	26
ニューアーク	52,539	14,020	0.8	27
ダラス	66,250	13,546	0.5	20
リバーサイド-サン・バーナディーノ	93,473	13,166	0.5	14
ベルゲン-パサイク	66,540	10,391	0.8	16

注：中国系人口が1万人超の都市圏のみリストアップした．
＊はMSAベース，その他はPMSAベースの統計値を利用している．
MSA：Metropolitan Statistical Areaは都市区統計単位，PMSA：Primary Metropolitan Statistical Areaは衛星都市を含む都市圏統計単位を示す．
出所：Asian/Pacific Islander Data Consortium (San Francisco, CA：Asian and Pacific Island Center For Census, Information And Services, 1993).
原資料：U.S. Bureau of Census, Summary Tape Files 1 and 3.

最大グループの中国系の責任が当然問われる．アメリカにおける華人移民の歴史は被差別に対する忍従から抵抗への歴史でもあった．総じて華人系には政治参加によって自らの権益保護をしていこうという意識は低く，60年代の黒人を中心とした市民運動に促されて台頭してきたといえる．旧世代移民

は父祖地の封建体制の影響により伝統的に権利，民主意識が低い上，戦後，中国本土と台湾の両政権の併存，敵対関係が華人社会にも持ち込まれ，華人同士の団結を困難にしたことも無視できない．

　近年，二，三世や欧米で高等教育を受けた新移民を中心に，華人社会に対して自らの権利保護にかかわる啓蒙活動，直接的政治参加の呼びかけを活発に行う傾向が見られ，主流社会への接近のあり方，姿勢について華人自身が自省するようになった．既存2大政党に単なる資金支援を行って利益代弁者を求めることへの反省とともに，「名誉白人」，「優秀な少数民族」にあまんずることなく少数民族の権益を保護する諸法律の改悪に対する積極的な反対意見の表明にそうした変化がみられる．民主，共和両党に少数民族委員会が設けられ，一部華人名士がその政治活動に加わっている．選挙活動の一環として，チャイナタウンを中心とする華人コミュニティに両党派の候補者が必ず訪れ，笑顔と握手と記念撮影で華人団体代表や実業家の虚栄心をくすぐり，多額の政治支援金を引き出していくやり方は，対華人社会選挙戦略の常套手段として定着してきた．華人社会のカオの見えない献金政治や勝ち馬に乗る後ろ向きの政治参加姿勢を批判する声が高まり，クリントン再選にかかわるインドネシア系華人財閥実業家と台湾国民党からの多額の政治献金疑惑が取りざたされていることに，華人権益促進活動家は，在米華人社会全体の政治参加啓蒙努力に水を差し，華人系のイメージ・ダウンにつながる恐れがあるとして強い懸念と批判を表明した[5]．

　他方，「積極的差別是正措置」（Affirmative Action Program）の存廃，移民政策の改定をめぐる論議も華人系の政治姿勢を問うている．レーガン・ブッシュ共和党政権時代の長期景気低迷，財政赤字の拡大，失業率の上昇を契機に，一部の保守派政治家は「新移民は米国社会の福祉資源の享受に見合う社会貢献をしていない．社会にとって負担である」とのイメージを白人社会に植えつけた．特に急増するヒスパニック系とアジア・太平洋系移民が白人社会の文化の伝承を脅かす上，低所得層の就業機会を奪い取るとして合法移民の枠を制限すべきと主張し，上院議員シンプソンは，「米国各業種は外

国人1名を雇用するにあたり，1万ドルもしくは当被雇用者年給の10分の1相当額のうち高い額を米国労働者訓練基金に拠出させる」旨の提案を国会に提出した[6]．

　少数民族や女性の雇用，昇進，進学における権益保護を目的とし，官公庁，公立大学や公益企業などによって採用されてきた「積極的差別是正措置」は，白人や男性に対する逆差別，少数民族，女性に対する過保護をもたらすことを理由にその廃止提案が複数の州で提出され，一部可決された．カリフォルニア州知事ウイルソン（Pete Wilson）はこれに代わる「カリフォルニア民権議案」（California Civil Rights Initiative）を提起し，96年11月の選挙で信を問うと決定した．同案はその後議会で可決された．「優秀な少数民族」，「中流階級の一部」を構成する分子として「積極的差別是正措置」から利益を得ているわけではないとの白人政治家側からの宣伝誘導に対してどう行動すべきかに直面して，華人社会は揺れながらも少数民族権益保護のための理想であると，「積極的差別是正措置」の存続支持を選択した．サンフランシスコ湾域の華人議員，カリフォルニア州の華人行政官，コミュニティ代表およびカリフォルニア州立大学の華人学究陣が，ともに「カリフォルニア民権議案」に反対の意思を表明したのである．当時のカリフォルニア大学バークレー校学長 Chang Lin Tien（田長霖）は，1996年3月のアジア・太平洋系高等教育学者協会の第9次大会における基調講演で，自らの成功は「積極的差別是正措置」に負っているとし，法律の改定や廃止に反対する姿勢を表明した．ニューズウィーク，タイムズ紙が相次いでインタビューし，ひとつの象徴的事件として大きく報道された．

　ヨーロッパ以外の地域からの最初の集団移民として，厳しい差別待遇を長年にわたって受けた経験を有する華人移民は，新法案が新たな移民差別につながるとの政治的判断を下し，アジア・太平洋系の少数民族を結集して，組織的な反対運動を展開しながら，米国市民として持つべき権利と負うべき義務を再確認している．華人社会の大きな政治意識の変化として注目に値する動きである．

3. アイデンティティの変化とチャイナタウン

海外華人社会といえば，まずチャイナタウン，それから彼らのルーツである中国地域との関係，つまりそのアイデンティティを避けては議論を進めることができない．その移住時期や移住国の社会制度，外来民族に対する政策が異なれば，彼らの生活様式もかなり相異なるものとなり，時が経つとともにアイデンティティも変化するものである．国・地域ごとに様々な研究が華人研究の専門家によって行われてきており，スペースの制約もあるため，以下ではサンフランシスコ湾域の華人社会の置かれている現状を中心に，筆者が行った調査を踏まえて簡単に整理してみたい．

世界の主要都市の大半にチャイナタウンはあるが，サンフランシスコのそれはアメリカ最古，かつては最大のものであった（現在人口はニューヨークに抜かれている）．本国からの保護を期待できず，言葉の不自由な居住先での様々な差別から身を守るための知恵として，こうした集団居住区が作られ，長い間中国人の日常生活空間，事業基地として機能してきた．現在はこれらの機能を一部維持しながら，アジア系市民の台所，観光名所，または華人社会の象徴としてのイメージが強い．古いチャイナタウンの存在から華人社会の二重構造（伝統的中国社会と現地主流社会への分化）または多面性を浮かび上がらせることができる．これについては，(1) 新旧移民間の格差，(2) 対父祖地（中国，台湾，香港からなる地域，特に台湾，本土両政権）関係，(3) ビジネスの二重構造，等の3つの側面から考察することができ，図1-2のようなイメージ図で示してみたい．

(1) 新旧移民間の格差について

裕福な台湾，香港系移民と，チャイナタウン内で生活を営む所得の低い旧広東系移民というイメージが一般的に持たれている．こうしたイメージ以上に双方の格差は大きい．旧移民内部にも，新移民内部にも所得や現地社会へ

図1-2 北米華人社会の多様性

伝統的中国社会（チャイナタウン）			
旧移民	新移民	政治意識	ビジネス
◆1965年以前の移民 ◆広東省珠江デルタ地域出身の一世	◆1965年以後の移民 ◆中国本土からの旧移民配偶者、親族 ◆インドシナからの華人移民	◆政治的中立者 ◆国民党政府支持者層 ◆中国本土政権支持者層	◆華人系向けビジネス ◆中小、零細事業 ◆中国地域からのビジネス拠点
◆現地出生の二、三世 ◆中国内戦時の国民党政権下で上流社会にいた移民一世	◆中国本土からの留学残留者 ◆華人系留学残留者 ◆香港・台湾を中心とする東アジア地域からの投資移民	◆政治無関心層 ◆主流政治への積極的参加、参与 ◆華人全体の権益保護を目指す活動家、団体	◆主流社会向けビジネス ◆成功したビッグ・ビジネス ◆ベンチャー事業、ハイテク事業 ◆中国地域資本の現地法人
主流社会・現地主義			

出所：筆者作成．
原資料：拙稿「北米社会の変遷と華人資本の動向―カリフォルニアでの実態調査を踏まえて」『北九州大学開学50周年記念論文集』1997年3月．

の融合の度合いに格差がみられる．華人排斥政策による差別を長く味わった初代移民は数少なくなっているが，彼らは言語や教育水準の制約によりチャイナタウンで生計を立てざるを得なかった．国共内戦の敗戦によって国民党高官，財閥家族，文化人が流入し，非広東出身者としてチャイナタウンにとらわれない独自の生活圏を構成した．初代移民の広東系と非広東系の最初の分化として認識できる．出身地を問わずその二，三世を同じ旧移民グループに入れるとすれば，彼らは普遍的に高等教育を受けた階層であるため，職業選択や居住環境選択には明らかに主流社会への傾斜が見られる．

1965年に制定，旋行された新移民法は家族団欒の促進，米国社会・経済に貢献できる専門的人材を集めることを目的として，中国人にヨーロッパ諸

国の民族と同様毎年2万人の移民枠を与えるようになった．これは華人排斥政策の本格的な廃止として認識されている．しかし，中国共産党政権に対する政治経済封鎖を米国は続けており，中国が国民の海外移住を認めない政策を採っていたため，新移民のほとんどは国連加盟していた国民党政権の台湾と香港出身であった．中米国交回復，中国本土の開放政策の実施を契機に在米旧移民の絶対多数を占める広東系華人の親族移民が急増した．インドシナ戦乱によって排出された難民（早期の大半は資産を収奪された華人，ほとんど広東系）を収容し，82年の台湾中国人移民枠の新設（同2万人）および香港返還に関する中英合意の達成などを受けて，両地からの移民が増加した．さらに，天安門事件を契機とする中国本土留学生への永住権枠拡大によって，新移民の中身は大きく変化した．また近年不法入国者も増加したため，華人社会の人口構成は相当複雑になってきた[7]．

新移民のなかでも，英語を話せ，専門知識を有し，管理職，専門技術職に就く留学残留組と投資移民グループはチャイナタウンに頼らずに生活でき，主流社会にも容易に融け込むことができる．しかし，専門教育を受けたことがなく，特殊技能を持たず，英語も話せない中国本土，インドシナからの新移民階層は，チャイナタウンにおける中国人特有の血縁（宗親），地縁（同郷）ネットワークに頼って生活をし，雇われ労働者として，自らのビジネスを始めるための資本蓄積をすることとなる．チャイナタウンの業者も地価上昇，競争激化による経営難を，こうした低コストの新しい労働力を吸収することによって一定程度カバーできる．

(2) 対父祖地関係

第2次世界大戦後の30数年間，海外華人の中国大陸・台湾・香港に対する関係は，居住国や世界情勢に左右されたのみならず，自らのルーツがある「両岸三地」の政治情勢の変化に大きな影響を受け，翻弄されたことも事実である．清政府を打倒した辛亥革命を財産と命をかけて支援した華人（なかでもハワイ，サンフランシスコの華人は大きな役割を果たした）のことを，

孫文は「革命の母」と呼んだ．彼らは抗日戦争の間も国民党と共産党の両勢力にともに大きな支援を与えた．半封建植民地の状態から母国が独立し，強大になることを願う強烈な民族感情がそうさせたのである．戦前から事業で蓄積した財産を惜しまず中国の教育事業振興に投じたタン・カキー（陳嘉庚）のような大物「愛国華僑」が，政府と民衆から絶大な尊敬を集めてきた．中華人民共和国の成立とともに少なからずの華人が祖国建設のために帰国したことや故郷に学校，施設を寄付したことも，こうした純粋な「愛国」，「愛郷」心の現れであると思われるし，中国政府もこうした支援を誘致すべく，海外華人関連業務を特別に扱うための「僑務政策」を採り，執行した．

しかし，60年代に入り，特に文化大革命が始まってから，中国本土において極左路線，鎖国政策が採られるようになると，状況が一変した．海外華人は台湾と大陸の対峙に戸惑いながらも「親大陸派」と「親台湾派」に分かれ，対立，抗争を強いられた．中国本土の「僑務政策」は極左勢力から批判され，執行中止になった．帰国した「愛国華僑」や僑族（華僑・華人の在中親族）がスパイの疑いをかけられたり，成功した海外華人企業家が搾取階級と名指しで批判されたりするようになった．海外華人に対するこうした中国の政策，対応の変化が華人を本土と疎遠にし，居住地への現地化に拍車をかけたことは否定できない．経済関係でみれば，建国後から文革前までに海外華人資本は約1億ドルの対中直接投資をしたが，文革開始（1966年）から対外開放が始まる（1978年）までの10数年間は皆無であった[8]．

これに対して，台湾側は海外華人による政治的，経済的支持の獲得に努めてきた．「僑務」が国民党政権の海外駐在機関の重要業務の1つとなり，特にアメリカの華人社会に大きな影響力を及ぼしてきた．外交関係の有無に関係なく，海外華人団体の大半は国民党政権を物質面，精神面の両面から支援してきた．中国本土の改革・開放路線が定着した最近になって，海外華人の姿勢に一部変化がみられる．

中産階級を中心に在米華人の主流社会への参加が着々と進んでいるが，チャイナタウンの華人社会には，依然として父祖地の政治情勢の変化に強い関

心をもち，それに大きく影響される階層が存在している．サンフランシスコのチャイナタウンに 1854 年に設立された中華総会館が長い間全米華僑の最高機関とされ，中華総商会や国民党駐米総支部とともに，台湾の国民党政権を支援する鉄の三角形を形成してきた．この鉄の三角形が不安定になりはじめたことを象徴するいくつかの出来事が近年発生した．

1980 年 5 月に，大陸とビジネス関係を持つ華人経営者の一部が中華総商会を離脱し，米国華商総会を結成した（チャイナタウン内外の華人企業 300 数社が会員）．1994 年の中国の国慶節（10 月 1 日）の前後に，親大陸派の翠勝工商会は初めて本部ビルに中国本土国旗である「五星紅旗」を掲げ，これまでの中華民国建国記念日（10 月 10 日）の「青天白日遍地紅旗」一色の光景を変えた．同年に中華総会館が建館後初めて駐サンフランシスコ中国領事館総領事の表敬訪問を受け入れ，さらに 96 年 5 月下旬に李登輝の総統就任式典に出席すべく総会館所轄 7 会館のうち 3 会館の現職会頭と元会頭 1 人の 4 人が中国総領事の案内で中国本土を訪問したことで，「サンフランシスコ華僑界に大地震発生」，「サンフランシスコ華僑界 100 年以来の最大の分裂危機」と形容された[9]．このような事態が起こった背景には，李登輝が率いる国民党政権の「台湾化」路線の推進に対する疑念，中国本土の改革・開放の深化（経済中心主義の定着，イデオロギーの淡化）に伴うビジネスチャンス拡大の誘惑などの要素が考えられる．台湾系資本の対中国本土投資が経済部投資審議会の「負面列表方式」（ハイテクや基幹産業等対中投資禁止業種，項目をリストアップするやり方）によって当局の許可を得て進められている現状では，親台湾派の華人団体にとっては経済利益を犠牲にした忠誠心の維持が困難であると見られてきた．

(3) ビジネスの二重構造

チャイナタウンでは，華人資本の伝統ビジネスであるクリーニング，飲食，商業（小売，卸売，貿易）が依然として大きなウエイトを占めているが，観光，不動産，金融などの業種も近年急速に伸びてきた．伝統的な中国人社会

では成り立たない主流社会向けのビジネスやハイテク関連の投資が，高等専門教育を受けた新旧移民によって幅広く展開されている．香港，台湾資本がこれら新旧ビジネスのいずれにも参入しつつある．これについては次節で述べることにする．

　1965年の新移民法の公布・施行を契機に，アメリカは多元的文化社会として多くの華人移民を引きつけてきた．東南アジア諸国の強制同化政策によって多くの華人は自らの文化を放棄せざるを得なくなり，それでも現地政府への忠誠心を常に疑われてきた（程度の差こそあれ，インドネシア，マレーシア，フィリピンではしばしば提起される問題である）．したがって新移民はこれら土着民優遇政策を採っている国よりも，華人差別政策を採っていたが現在はより寛容になった北米，大洋州に向かうようになった．完全に同化した二世，三世もいれば，現地の高等教育を受け，管理職，専門技術職または経営者となった新移民も，中産階級の一部として主流社会に参加しながら中国文化を守ることも可能となっている．いわゆる「落葉帰根」（故郷に錦を飾る志向）から「落地生根」（現地定着志向）への意識変化は普遍的に，確実に起こっている．

4. 華人系資本の動向

(1) 華人系資本の分布

　現在，世界各地に3,000万人近くの華人がいるものの，その約9割が東アジア諸国に集中している．植民地時代の経済体制のなかで，彼らは鉱山，農園のほかに，多くは商業，流通業，金融業，サービス業を営み，宗主国の巨大産業資本と消費者（土着民）との間の「仲介者」を務め，経済のわき役でしかなかった．そこで蓄積された資本，得られた収入は貧しい家族の生計を支えたり，小規模事業を興したりするため，中国の故郷に送金された．

　華人系経済は基本的には移民経済の性格をもち，一般的に初期投資額が少なく，回収が早い商業，生活サービス業が伝統的な業種である．基本的にア

メリカでも例外ではない．初期の移民はほとんど雇われ労働者であったが，移民向けの生活用品を販売する雑貨屋が生まれ，華人社会の富裕階層となった．第2次世界大戦後の1949年の統計によれば，クリーニング屋，飲食店，生活雑貨販売店は華人ビジネスの3大柱をなしていた．当時1万232のクリ

表1-6　主要地域別の華人系企業分布（1987年）

順位	都市，地域名	企業数
1	ロサンゼルス-ロングビーチ	16,049
2	ニューヨーク	10,864
3	サンフランシスコ	9,028
4	オークランド	4,756
5	ホノルル＊	4,477
6	サン・ホセ	3,431
7	アナハイム-サンタ・アナ	3,278
8	ヒューストン	2,226
9	シカゴ	1,955
10	ワシントンDC	1,808
11	シアトル	1,365
12	サクラメント＊	1,294
13	サンディエゴ＊	1,225
14	ナッソー-ノーフォーク	1,154
15	ボストン	1,124
16	フィラデルフィア	1,101
17	ダラス	1,026
18	リバーサイド-サン・バーナディーノ	906
19	ニューアーク	715
20	ベルゲン-パサイク	626
21	ミドルセックス-サマーセット-ハンタードン	571
22	ポートランド	559
23	フェニックス＊	555
24	アトランタ＊	494
25	オックスナード-ヴェントゥーラ	436

注：＊は大都市区のみの統計値（MSA），それ以外は周辺衛星都市を含めた大都市圏の統計値（PMSA）となっている．
出所：Susan B. Gall and Timothy L. Gall, *Statistical Record of Asian Americans*, Gale Research INC., 1993, p.63-64.
原資料：Bureau of the Census. U.S. Department of Commerce, *Survey of Minority-Owned Business: Asian Americans, American Indians and Other Minorities*, 1987 Economic Censuses.

表1-7 アジア・太平洋系民族別，産業部門別の事業

産業部門	全体	インド系	華人系	日系	韓国系	ベトナム系
農林漁業	9,726	358	774	4,407	557	2,230
製造業	10,121	878	2,685	1,813	1,905	1,947
運送と公共サービス	11,940	2,812	2,576	1,352	1,582	708
鉱山	360	112	100	69	16	6
建設	13,391	1,199	3,298	2,128	3,249	823
卸売貿易	10,654	1,634	3,510	1,826	1,908	330
小売	88,761	9,314	25,803	9,051	26,161	6,646
金融・保険・不動産	27,297	3,537	8,906	4.227	2,736	1,132
サービス	165,342	29,787	37,232	26,291	28,604	10,461
その他	17,739	2,635	4,833	2,638	2,586	1,388
合計	355,331	52,266	89,717	53,372	69,304	25,671

注：データは1987年の米国商務省統計局によるセンサス結果である．
出所：表1-6に同じ，筆者が若干加筆して作成した．

ーニング屋，4,304のレストランと2,407の雑貨販売店があり，主に華人が集中する東海岸のニューヨーク，西海岸のサンフランシスコを中心とする北カリフォルニアで展開された．洗濯機の家庭への普及，アイロンがけを不要にした化繊生地の流行により，クリーニング業は急減し，3大事業から脱落した．飲食店と雑貨屋は主流社会市場の開拓に成功し，華人移民の急増に伴

表1-8 アジア・太平洋系民族別，産業部門別の売上高分

産業部門	全体	インド系	華人系	日系	韓国系	ベトナム系
農林漁業	365,309	19,278	37,495	14,348	27,871	86,698
製造業	146,367	241,067	494,044	165,002	334,092	103,274
運送と公共サービス	691,480	158,605	175,923	104,773	87,446	19,723
鉱山	11,154	2,071	2,809	2,550	0	68
建設	1224,190	177,070	333,144	216,294	218,721	26,953
卸売貿易	4188,852	879,785	1429,316	511,116	876,122	95,612
小売	13315,753	1935,454	4268,139	1289,714	4064,114	624,988
金融・保険・不動産	1086,855	182,676	429,065	163,631	116,020	26,247
サービス	9880,868	2917,588	2186,744	1138,326	1773,886	330,780
その他	705,044	201,090	252,913	100,501	0	46,631
合計	32930,901	6714,684	9609,592	3837,255	7498,272	1360,974

出所：表1-6に同じ，筆者が若干加筆して作成した．

分布		(単位：社)
フィリピン系	ハワイ系	その他
739	247	414
643	126	554
1,432	149	1,329
24	8	25
1,448	384	862
793	93	560
6,099	689	4,998
5,145	286	1,328
21,846	2,077	9,044
2,243	220	1,196
40,412	4,279	20,310

う華人生活支援，ビジネス支援の不動産，金融業が新たな支柱となった．

表1-6は1987年現在の事業所センサスによる華人系企業の主要分布地域を示しているが，大都市圏への集中，なかでもカリフォルニアへの集中が目立つ．表1-7，1-8はアジア・太平洋系の各民族資本が従事する産業と売上分布を示している．事業数では飲食店を含む生活サービス業，小売業，金融・保険・不動産業がそれぞれ41.5%，28.8%，9.9%（計80.2%）を占め，売上分布では小売業，サービス業，金融・保険・不動産業の順でそれぞれ44.4%，22.7%，14.8%（計81.9%）となっており，絶対的なシェアを保っている．

おおよそアジア系移民の資本は類似しているが，人口のウエイトを加味すれば，韓国系の躍進ぶりが注目に値する．表1-9は民族グループ別の事業規模を示すものである．小規模のファミリービジネスが共通する特徴で，家族以外の従業員を雇用している企業のウエイトは全体的に低い．華人系は1社当たりの従業員数では4.8人でトップであるが，家族以外の従業員を雇用している企業数のウエイトでは2位，1社当たりの平均売上では3位となっている．従業員1人当たりの年支払賃金ではベトナムに次いで低く，アジア・太平洋系全体の平均より約1割低い水準である．チャイナタウンにおける伝統ビジネスを中心に，大量の安価な労働力が継続的に供給されていることが反映されている．

布		(単位：千米ドル)
フィリピン系	ハワイ系	その他
26,900	8,841	12,878
56,721	20,564	46,632
76,520	9,928	58,562
3,161	0	495
84,540	43,478	123,990
157,518	8,741	230,642
442,980	38,205	652,159
102,119	16,981	50,116
910,854	65,409	557,281
52,820	0	51,089
1914,133	212,147	1783,844

表1-9　アジア・太平洋系民族別企業の経営規模

民族別	総事業所			雇用者を有する事業所		
	事業数（社）	売上高（千ドル）	平均売上高（ドル）	事業数（社）	売上高（千ドル）	従業員数（人）
合計	3,553,311	33,124,326	93,221	92,718	24,501,338	351,345
インド系	52,266	6,714,684	128,471	16,370	5,186,582	65,733
華人系	89,717	9,609,592	107,110	26,531	7,462,818	126,763
日系	53,372	3,837,255	71,896	10,186	2,784,406	38,389
韓国系	69,304	7,682,668	110,855	21,657	5,502,006	70,530
ベトナム系	25,671	1,360,974	53,016	5,804	837,012	13,357
フィリピン系	40,412	1,914,133	47,366	6,711	1,253,570	16,822
ハワイ系	4,279	221,176	5,168	640	141,684	1,956
その他	20,310	1,783,844	87,831	4,783	1,333,260	17,795

出所：表1-6に同じ，筆者が若干加筆して作成した．

(2) 製造業 IT 産業における華人系資本の成長

　華人系資本は製造業，特に多額の初期投資を要し，投資回収期間の長い製造部門には不向きといわれてきた．東南アジアでは，居住国の工業化における民間資本活用への政策転換を捉えて，土着資本が産業資本として育っておらず，外資投資優遇策の実施を機に製造業への進出を果たした．流通網をすでに形成したこと，一定の資本蓄積ができたこと，または一部は1次産品分野を抑えていたことなどがこうした事業転換，多角化経営を容易にしたのも事実である．

　アメリカ華人資本の製造業進出に関して，明白な2つのパターンが確認される．1つは伝統的に飲食サービス業，華人の食生活が必要とする食品加工業，専門知識や技能を持たない労働者でも活かせる縫製業のような，初期投資が少なく，市場も直近にある労働集約型の業種であり，もう1つは高度な専門知識，技能を要する電子産業に代表されるハイテク業種である．前者については継続的に供給され，再生産される安い新移民労働者，特に女子労働者の存在によって支えられ，後者については，高等専門教育を受け，専門技術職に就くことを好む若い知識層の存在，なかでも企業家精神が旺盛な若手実業家の存在に負うところが大きい．こうして教育，職業選択の二重構造と

ならぶ製造業資本の二重構造が存在しているのである.

従業員数/社 (人)	平均賃金 ドル/年
3.8	9,967
4.0	10,700
4.8	9,115
3.8	12,194
3.3	9,378
2.3	8,260
2.5	11,413
3.1	14,000
3.7	10,338

華人が最も集中しているサンフランシスコ湾域には,華人に人気が高く,絶えず優秀な科学技術人材を養成し,送り出すカリフォルニア大学バークレー校とスタンドフォード大学があり,それらの人材を吸収するシリコンバレーも存在するため,ベンチャー事業を興す絶好の土壌がある.96年度初頭のヒアリングによれば,シリコンバレーに2万人を超す華人エンジニア(シリコンバレーのエンジニア3人に1人が華人)と400社(1999年末現在2,001社という)を超す華人系ハイテクベンチャーが集まっているといわれている.華人系エンジニア協会(Chinese Institute of Engineer),アジア系製造業協会(Asian American Manufacturing Association. 9割強は華人系企業),玉山科学技術協会(Monte Jade Technology Association. 台湾系資本が中心)などに代表されるように華人技術者,華人系企業の組織化も進んでいる.

華人系製造業の経営規模はまだ小さく,米国製造業上位500社には3~4社程度しかランク入りを果たせていない.1994年8月現在すでに上場し,創業者が違っていても華人が最高経営者を務めまたは最大の所有権を有すること,海外華人系企業の単なる在米上場ではなく,米国で創業されたものであることを基準に確認された華人系製造業企業は40社あった.その80%はハイテク業種に属し,24社はカリフォルニア州にあり,うち20社はシリコンバレーに立地している.全米華人企業のなかでハイテク企業の代表として磁気記憶装置(Magnetic Memory)と電卓を発明したWang Laboratories Inc.,商用コンピューターソフト最大手のComputer Associates International,世界第4大パソコンメーカーのAST Research Inc.が上位を占めている.筆者が滞在していた頃,新たにサンフランシスコ湾域に本社をおくBus Logicとインターネット検索システムを開発したYahoo! INC.が相次

いで上場した．IC，医療機器，マルチメディア開発で近い将来さらに多くの企業が上場されると見込まれている．80％以上の華人系企業が中小零細のファミリービジネスで，売上規模はこれら上場の上位製造業企業を上回っても上場申請していない卸売りや，大手不動産系大企業も複数あることから，こうした上場企業リストから在米華人経済全体の構造は読み取ることができない．

5．「華人的」企業経営

華人系企業経営について，観念的に「所有と経営の未分離」，「トップダウン型の意思決定」，「取引におけるネットワークの重視」などが語られてきているが，経営学分野では検討されていない．以下各章で企業統治，企業家精神，財務構造および企業間関係構築（ネットワーク取引を含む）の各側面からこれを取り上げる．本節では，カリフォルニアでの調査研究を踏まえた認識を紹介しておく．

アメリカの華人社会は，チャイナタウンのように中国文化を守ってきた伝統的中国社会の華人と主流社会にとけ込む「新華人」とに分かれ，それぞれに階層が入り混じっている多面的な構造をなしているため，その特徴は企業経営にも投影されている．チャイナタウンまたは中国社会の伝統を守っているところでは，血縁をベースとする宗親会，地縁による結びつきを示す同郷会，また同業者集団を構成する商会，協会が存在し，華人排斥時期ほどではないにせよ，相互扶助的な役割を果たしている．伝統社会内でのビジネスの拡張は多くの制約を受け，義務教育，高等教育を受けた二，三世は家業を継がなくなり，サラリーマン化する傾向が強く現れている．直系の子女ではなく，故郷の縁戚や他社に委ねるケースが増えていくと思われる．

主流社会で創業し，事業を経営する華人は高等専門教育を受けた階層で，組織の合理化，管理の近代化を伝統的華人ビジネスと異なる次元で実践している．カリフォルニアでの調査研究では，現地華人系企業について以下のよ

うな特徴（または課題）を認識することができた[10].

(a) 中国地域で生まれ育ち，アメリカで高等教育を受けて自ら創業し経営者となった華人は，主流社会に事業を展開していく場合に白人管理職，従業員に対するリーダーシップの発揮，内外への自己アピールの面で困難を伴うことが多い．

(b) 良いアイディアと高度な技術をもとにベンチャービジネスを興し，成功させる事例が多く，東アジア，特に中国地域を事業展開に活用しているケース（分業協業体制の構築，拠点展開，資源調達）も多い．組織間関係構築にあたって，台湾系企業との連携が強く，今後どう展開され，経営国際化の視点から成功するか否かが問われるが，有意義な研究テーマとなろう．

(c) コンピューター，IT分野においては華人系資本参入の歴史が浅く，初代経営者（創業者兼経営者）が現役トップにいる企業が大多数である．当該分野では非血縁関係の華人同士による共同出資，経営のケースが多く，意見の不一致のため仲違いし，事業経営に支障をきたすこともある．創業段階でうまくいっても，事業拡張段階における創業者同士の非協調的な姿勢は，大規模投資事業が育ちにくい重要な一因として考えられる．

(d) 中国文化の影響が薄い二，三世華人は，自らを専門知識を持つアメリカ人で主流社会の一員と認識しているが，業績が優れていても白人経営の会社でより上層の管理職へ昇進できないという現実に直面し，強い挫折感を味わうことが多いと言われる．もちろん，新移民の専門職，管理職経験者もしばしば同じ境遇に出くわす．こうしたことは彼らに創業意欲を起こさせる原動力として働くこともよくある．

(5) 伝統的中国社会（チャイナタウン）におけるビジネスには書面契約より人的信頼関係を重んずる心理契約の傾向がまだ見られるが，主流社会向けのビジネスまたは主流社会の企業との取引では例外なく書面契約が重視されている．これも環境変化の影響に帰するものである．また華人経営の流通業ではマーケティング担当に現地白人（華人以外の米国現

地人）を起用するケースが多く見られる．

むすび

　本章では，北米を中心に華人社会と華人系資本の形成史，およびおかれている現状について議論してきた．民主主義国家のアメリカにおいても華人社会は被差別の歴史を長く経験し，60年代以後の民権運動を経て法制度による平等待遇を勝ち取ったが，90年代半ば以後，「積極的差別是正措置」の撤廃に代表される社会の変化に直面している．他方，強制同化政策（明確な差別政策）が採られてきた東アジア諸国では，華人は政治的に平等な権益を得られなかったために経済的利益の追求にひたすら走り，経済的成功を勝ち取った側面も認められる（もちろんほかにも様々な影響要因が考えられる）．アファーマティブ・アクションと称される「積極的差別是正措置」が，米国ではマイノリティを守る法規として移民たちの社会参加の促進に寄与してきたのと比べて，ASEANの一部の国ではこれに準ずる法律はあるものの，人口の大多数を占める土着民を対象としてきた．多元的文化社会の下で，華人社会も大きな変容を遂げ，伝統的中国社会（チャイナタウン）のなかで中国人としてのアイデンティティを維持する階層が存在する一方，主流社会に融け込む二，三世や，専門知識・技術を有する新移民からなる新しい階層が生まれている．母国語によるマスメディアの存在，バイリンガル教育が可能となっていることから，主流社会にいても違う形で民族文化の維持がある程度できるような新しい局面も生まれている．政治，教育，職業選択，経済活動等様々な側面において二重性，または多様性が存在しているのが今日のアメリカ華人社会の現状である．したがって，被差別の歴史を経験しているため，感情的に「積極的差別是正措置」の撤廃に抵抗を覚える人が多いが，中産階級になった人たちはむしろ歓迎しているという現実もある．

　ただ，経済面ではアジア地域における華人系資本と比較して，アメリカ華人系資本の総合力がまだ弱い．科学技術界，製造業においては豊富な人材を

図1-3 華人系資本の主要分布傾向

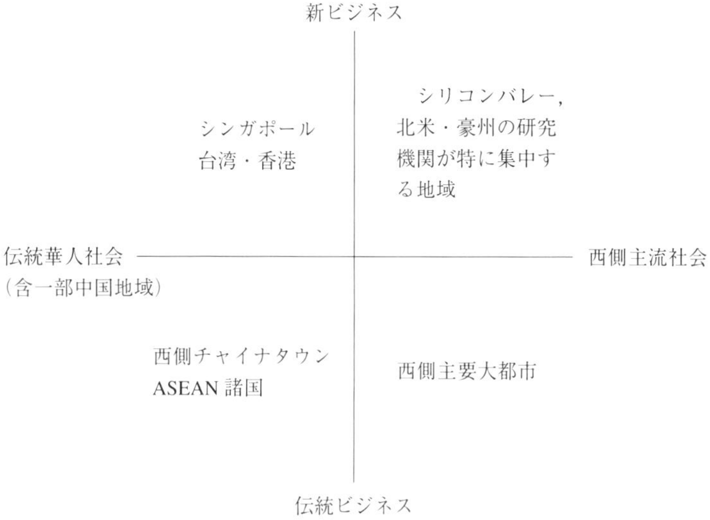

```
                      新ビジネス
                        │
                        │
                        │    シリコンバレー,
         シンガポール      │    北米・豪州の研究
         台湾・香港        │    機関が特に集中す
                        │    る地域
                        │
伝統華人社会 ───────────┼─────────── 西側主流社会
(含一部中国地域)           │
                        │
                        │
        西側チャイナタウン │   西側主要大都市
        ASEAN諸国         │
                        │
                        │
                      伝統ビジネス
```

有し,アジアの華人資本がアメリカ向けの投資を増しているなか,今後こうした華人の頭脳と外来の資本とがどう結合して,新たなビジネスを創出していくかは注目されるであろう.

事業経営については,伝統的中国人社会のチャイナタウンでは東南アジアの華人資本に類似する特徴が見られるが,経営規模がはるかに小さく,企業集団を形成しうるほどの大手資本が育っていない.主流社会に浸透し,拡張しつつある華人資本は経営管理面で欧米型に近い手法を採っているが,多くは人事,財務面で独自の経営理念をもっている.また資本関係,事業拠点展開等の面においてアジア,中国地域と強い結びつきを保っている.主流社会で華人系企業が創業するようになってからまだ日が浅く,事業継承などの面でアジア型の,また伝統的中国社会の華人系同族企業とどのような異同を見せるかは,現段階では判明できないが見守っていきたい.

図1-3は華人系資本の地域別・事業別の分布傾向を示すイメージ図である.事業別には大きく①専門知識や技術・ノウハウを生かす新ビジネス(知識集

約型事業）と，②商業・流通・不動産・飲食などサービス業を中心とする伝統ビジネスとに二分される．このうち新ビジネスは，東アジアではIT産業が比較的に先行するシンガポールや台湾などで，西側地域ではシリコンバレーに代表されるハイテク・ベンチャー事業や研究機関が集中する地域で見ることができる．他方，伝統ビジネスは，華人系資本の主要居住地（ASEANのような）である東アジア地域および西側諸国のチャイナタウンや主要大都市に見ることができる．もちろんこのような分類は環境の変化によって流動的になりうる．

　企業経営は外部環境の変化に応じて，自らの技法，構造を変えていく性質を持っている．華人企業発展の歴史が短く，華人系経済，特に華人系企業経営に対する関心が最近になって高まったことから，様々な新しい研究課題がわれわれに提供されている．華人がおかれてきた立場や，政治・民族問題に対して微妙な位置にあるため，マスコミの取材や研究者のヒアリングに必ずしも協力的でないこと，また利用しうる公開統計資料も極めて限られており，研究分析は困難である．このような限界を認識しながら，あえて本研究テーマを立てた．以下各章では，華人系企業経営について，企業家精神との関連，企業統治構造，財務構造，ネットワーク等の側面に焦点を当て，分析を試みる．後半において，台湾系製造業資本による組織間関係構築，その競争力の源泉，金融危機が東アジア華人系資本に及ぼした影響を分析する．

　　注
1)　1995年9月末から1996年8月まで，米国カリフォルニア大学バークレー校の訪問研究の機会を与えられ，アメリカで最も早く中国移民を受け入れ，最古のチャイナタウンを持ち，中国系人口も最も集中しているサンフランシスコ湾域で華人社会，華人系企業調査を行うことができた．北米での調査報告については，拙稿「北米社会の変遷と華人資本の動向―カリフォルニアでの実態調査を踏まえて」『北九州大学開学50周年記念論文集』1997年3月を中心に整理した．
2)　海外移民の歴史や華人に関する呼称の変化などについては，次の文献が詳しい．潘翎編『海外華人百科全書』三聯書店有限公司（香港），1998年．Lynn Pan, *Sons of the Yellow Emperor, The Story of the Overseas Chinese*, Martin

Secker & Warburg Ltd, 1990(片柳和子訳『華人の歴史』みすず書房,1995年).林偉然「"華僑"称謂研究」暨南大学華僑研究所編『華僑華人研究』第2号,暨南大学出版社,1991年,1-19ページ.可児弘明・游仲勲編『華僑華人』東方書店,1995年.
3) アメリカの華人移民差別史については次の文献が詳しい.麦礼謙(Him Mark Lai)『従華僑到華人』三聯書店有限公司(香港),1992年.Him Mark Lai, Joe Huang & Don Wong, *The Chinese of America*, Chinese Culture Foundation, San Francisco, 1985.
4) アメリカ華人系人口の分布構成について,主に次の文献を参照した.Susan B. Gall and Timothy L. Gall, *Statistical Record of Asian Americans*, Gale Research Inc., 1993.
5) 「政治献金損害亞裔社会」『亜洲週刊』1996年11月4-10日号,21ページ.
6) 『世界日報』(北米版)1996年4月17日付.
7) これについてはサンフランシスコ市にあるChinese Newcomers Service Centerにヒアリングし,一部詳細な資料をいただいた.
8) 林金枝「海外華僑華人在中国大陸投資歴史的回顧与展望」『南洋問題研究』(アモイ大学),1991年第1号.
9) 『世界日報』1996年5月20日付.『正報』1996年6月14-20日付.
10) ヒアリング調査では世界日報社の劉取材部長,シリンコンバレーの華人系経営者親睦団体玉山科学技術協会のジュディ・チュー,サンフランシスコの米国華商協会に多大の支援を受けた.

第 2 章
華人系資本の企業家精神

1. 問題提起

　海外華人と言えば,「商人」,「実業家」というイメージが持たれやすい.マスメディアの影響もあるが,海外における彼らの職業分布,事業起業パターンにそう連想させる側面のあることは否定できない.伝統的に海外に移住した華人は,莫大な投資を要する上に回収期間が長い製造業や公共事業を避け,小口資本で起業でき,回転・回収が早い商業・サービス業に集中しがちで,中国地域の香港・マカオ・台湾でも家族単位の貿易・流通業が大きなウエイトを占めてきた.縁戚関係を頼りに海外に移住した華人移民はみな最初から商人,実業家などではなかった.むしろそのような立場の人は少なかった.植民地主義者が経営する鉱工業の契約労働者として,またはすでに外国で商業,流通などの事業を経営する親類の店舗での見習いとして海を渡り,文字どおり丁稚奉公しながら独立する夢を見続けた末,創業に至ったのである.

　事業を興した彼らは一族を中心に会社を維持・運営し,発展を遂げた事業の要職に就かせていき,最終的に相応の規模の事業を継承させていくことが善とされてきた.このプロセスには,苦労や冒険によって無から事業を創出し,繁栄させる知恵および努力が常に求められる.ビジネス機会の探求や環境への挑戦には,常に企業家精神が不可欠である.これはなにも華人移民に限られることではないが,移民特有の不安定な身分,立場,使命感が常に彼

らを環境への挑戦に駆り立てるのである．

　本章では，企業家・企業家精神とは何かをまず整理した上で，華人系資本の創業パターンを整理分析する．それからイノベーション（革新）との関連で 2, 3 の華人創業のケースを取りあげ，その創業と事業経営における企業家精神の存在を探求する．

2．企業家精神とは何か

(1) 企業家精神研究の系譜

　企業家または企業家精神に関してはこれまで実に様々な概念規定が与えられてきた（表 2-1 参照）．原初的に冒険精神との関連で捉えられていたが，後に特殊な経営能力をもつこと，およびイノベーションを実現させることが要素として加えられた．経済学の諸文献における企業家の捉え方を丁寧に調べあげたヘバート（Robert F. Hébert）とリンク（Albert N. Link）は，『企業者論の系譜』という書物のなかで，既存理論による企業者機能の捉え方を 4 つのグループに分類した[1]．すなわち，(A)「純然たる」不確実性との関連，(B)「純然たる」イノベーションとの関連，(C) 不確実性と特殊能力あるいはイノベーションとの関連，(D) 直観力と適合・調整力との関連，で企業家（Entrepreneur）が果たしてきた役割について研究がなされているという．既存のこれらのアプローチは経済的視点からみると不確実性下での危険負担行為，均衡を破壊していく革新行為と不均衡を発見し，市場の均衡メカニズムを駆動する調整行為等 3 つに集約される．

　近年，創業・ベンチャーブームの流れのなかで，企業家論の主流の 1 つを作り上げた上述（B）グループに属するシュンペーター（Joseph Schumpeter）と，理論と実務にともに明るく鋭い洞察力と予見を備えたドラッカー（Peter Drucker）の見解が幅広く紹介されている．

　シュンペーターは創造的破壊を通じて新産業を創出すること，すなわち生産要素の新しい結合を行っているか否かを企業家を判定する基準とした．

表 2-1　企業家精神と「企業家」(Entrepreneure)＊ をめぐる論点の変遷

中世	大規模生産プロジェクトに従事する（軍事関係の）アクターと個人．
17 世紀	政府と固定価格契約を交わし利益（損失）リスクを負う人．
1725 年	リチャード・キャンティロン：リスクを負担する人と資本を供給する人とは違う．
1797 年	ビューデュー：危険を負担，計画，監督，組織，所有する人．
1803 年	ジーン・セー：企業家利潤を資本利潤と分ける．
1876 年	フランシス・ウォーカー：資金を提供して利子を受け取る人と，経営能力により利益を受け取る人を区別する．
1934 年	ジョセフ・シュンペーター：企業家とは技術革新をなし未開拓の技術を開拓する人．
1961 年	デビッド・マックリランド：企業家とはエネルギッシュで，無理のない危険を請け負う人．
1964 年	ピーター・ドラッカー：企業家は機会を極大化する．
1975 年	アルバート・シャペロ：企業家は指導性を発揮し，社会経済的機構を組織し，失敗の危険を引き受ける．
1980 年	カール・ベスパー：経済学者，心理学者，事業家，政治家はそれぞれ企業家について違った解釈をする．
1983 年	ジフォード・ピンチョット：「イントラプラナー」とは，既存組織内部の企業家のことである．
1985 年	ロバート・ヒスリッヒ：企業家精神とは，必要な時間と努力を傾け，付随する資金力，心理的，社会的リスクを引き受け，金銭的および個人的満足という成功報酬を受け取る，これまでとは違った新しい価値を創造する過程のこと．
1985 年	ピーター・ドラッカー：変化を探し，変化に対応し，変化を機会として利用する者．

注：＊語源はフランス語，「仲介人」「取持人」の意味．
出所：Lee Tsao Yuan, Linda Low, *Local Entrepreneurship in Singapore—Private & State*, Times Academic Press, Singapore, 1990（岩崎育夫訳『シンガポールの企業家精神』井村文化事業社，1992 年，139 ページ）を参照して作成．
原資料：Hisrich, Robert D., *Entrepreneurship, Intrapreneurship, and Venture Capital*, Lexington, Mass: D.C. Heath and Co., 1986, p.96.

「イノベーション」と称されるこの「新結合」は，①「新しい生産物または新しい品質」の創出と実現，②新しい生産方法の導入，③産業の新しい組織の創出，④新しい販売市場の開拓，⑤新しい買付先の開拓を含むとした[2]．これらから導き出される企業家像は，競争時代における工場主と商人，近代的企業の指導者（大工業のトップマネジメント・グループ層），雇用契約によって雇われた専門経営者等を含むことになる．シュンペーターは企業者論

の歴史のなかで統合的な人間像を提起した．

ドラッカーは「変化を探し，変化に対応し，変化を機会として利用する者」を企業家として認識している[3]．彼も企業家精神を論じるにあたって，目的意識を伴ったイノベーションと結びつけているが，イノベーション概念をありがちなハイテク領域における技術的突破（新製品・新工法の発明）に限定せず，経営概念上の革新または制度・システムの革新を含めている．企業家精神は自然発生的ではなく，変化を機会と見なし，組織を適合させ，イノベーションの成果に関する評価，イノベーション活動の動機づけ方法を確立することによって生み出せるものと認識している．

シュンペーターもドラッカーも企業家群，企業家精神を資本家やオーナー経営者に限定していない．また新しい物的発明でもなく，分散する複数の要素を方向性をもつシステムにまとめ上げる能力を有するか，あるいはこのような志向をもつか否かに判断基準をおいている．

(2) 創業の成功の背景

生活環境に対する不満，職場上司（または雇主）に対する不満，転職に伴う転機・機会との出会い，偶然の発明や新鮮なアイディアの案出，または予想外の創業資本の入手等々，創業の促進要因は多岐にわたるが，海外移住華人による創業も例外ではない．主体的動因と客観的環境の接合（マッチング）が創業の道に導くことが一般的に見られる[4]．もちろん，創業の成功，その後の事業経営の成功もまた，創業者の企業家としての資質の有無と努力に密接に関係している．成功者はしばしば神話化され，後世の創業予備軍に刺激を与え，彼らに仰がれるが，単なる物真似だけで成功するわけではない．

企業家精神の源泉は一般的に企業家の個人的資質，すなわちそうでない人との性質の相違に求められ，以下の諸点がしばしば言及されてきた．

1) 独立願望・自立精神の強さ

自己意識が強く，指示を与えられるよりも，独立独歩の行動を好む．自信家で，自己の能力や決定に自信をもつ．自分の決定したことを迷わず実行に

移し，その結果に期待を抱きながら努力を傾ける．強い責任感をもち，自分の存在が組織のなかで他人の手本となっていることを自認する傾向が強い．このような性格の人が精神的に抑圧を感じ，能力を発揮できない立場に置かれた場合，独立の道へ進みやすいという．冒険精神が当然のように彼らに備わっている．

2) 強い達成欲求

成功を収めようとする願望が強く，高い目標を設定し，結果の実現に関するフィードバックを期待する．目標が達成されれば，さらなる高い目標を設定するのを好む．

3) 強い忍耐力

創業初期，企業家はすべて自らの内在能力とコミュニケーション能力で事業を維持せざるを得ず，長時間労働・自己犠牲をいとわない．事業には不確実性がつきものであるため，成果が得られるまで長時間の忍耐を強いられることは避けられない．参入する事業領域が定まれば，各種経営資源の工面・分配に入るが，十分な資本蓄積がない状況下では，家族メンバーが廉価な労働力（無報酬か極めて低い報酬）として創業者とともに苦楽を味わう．成功した実業家たちは創業初期ほとんど例外なく，厳しい自己犠牲の試練を経験したのである．

これらと関連して勤勉，倹約，自己抑制も企業家の伝統的美徳として挙げられている．

華人系移民には，移民初期における苦難や被差別体験が広く見られ，海外移住を促す故郷の困窮，少年時代の生活苦が現状を変えるべく努力を促し，早熟な性格を養ったこともしばしば語られる．勤務先で受けた不公平な待遇が創業のバネになったこと等も，移民企業家に共通する経験の一部をなしている．

東アジアのみならず，現在の北米における華人社会でも同様のことは一般的に確認される．シリコンバレーで創業したハイテクベンチャーの企業家たちには，夫婦共働きで役割分担し「仕事中毒」を長い間続けるケースが少な

くない．チャイナタウンでは旧移民よりもベトナム系華人の店主のほうが早く開店し，閉店は遅い．在学中の子供が放課後，自家店舗のレジ係やレストランの給仕を務めることがよくある．また，儒教的価値観では，出世や高い目標の達成は親に対する最大の孝行とされ，海外移民の道を求めた華人には特に成功への高い欲求と固執が見られる．こうした儒教文化の実用主義の継承が会社の創業，運営にプラスに働いてきた．

　もちろん，研究者によっては異なる視点に立った研究調査により，企業家的資質または特性について異なる見解を示しているが，上述した要素は共通しており，その他に創造性，リーダーシップ，機敏性，予見能力，柔軟性，孤高性，楽観主義等が挙げられている．

　企業家の資質の形成は彼らの育った環境や受けた教育，創業までの諸種の経験に負うことが大きいと考えられ，多様性を呈することが想像に難くない．海外華人について言えば，初期移民には，当時生まれ故郷や家庭が貧しかったため，正規の教育を受けなかったか中断させられた人が多い．「白手起家」（裸一貫で事業を興すこと）が英雄伝によって語られることが多いが，彼らはビジネスの知識をほとんど実体験から学び，教育から知識を得ていないため，経験と勘に頼って計画・意思決定を行ってきた．満足な教育を受けてこられなかったからこそ，彼らは創業に成功した後子弟教育を重視し，地域社会の教育事業を積極的に支援するようになったのである．他方，戦後に西洋留学を契機に海を渡った新移民，現中国建国前の旧財閥資本・商人の子弟として大戦前後に移民した人々は十分な教育を受け，「知識型」・「知能型」の創業が一般的に見られる．

(3) 華人系資本の創業パターン

　企業家たちの創業様式も様々である．華人系企業家についていえば，大きくは以下のようなパターンに分類できる．

　(a) 少額の資金で小売・貿易・飲食・運送等の事業を起業し，資本を蓄積しながら，次の業種へ転業するケース．移民初期，地縁・血縁を頼り

に雇用された最初の業種の延長線上で独立する例がよく見られる．東南アジア・北米等の伝統的中国社会でも広く見られる．
(b) 創業者が自分に属する新製品の発明権を有するか，専門領域において十分な知識をもち，市場も掌握できるとの確信をもって事業を興すケース．在米留学生（理工系）の創業にこのパターンが多い．台湾で起こったベンチャービジネスブームもこの種に属する．

以下ではもう少し詳しく整理しておこう．

1) 伝統型創業

成功した多数の実業家（財閥を含む）は，移民前または初期において，戦乱，政治的迫害，天災による飢饉等の苦難を経験しており，教育を受ける条件にも恵まれず，雇われ労働者，見習いから出発して創業するのが一般的なケースであった．いわゆる「白手起家」の成功物語である．失うものは何もないという覚悟やハングリー精神が，資本蓄積のために過酷な長時間労働に耐えさせ，創業に駆り立てたのである．

明治初期の日本，終戦後の日本・韓国の企業創始者も似たような困窮から出発したが，移民という不安定な身分，差別の存在が，華人にとっての新たなる不利要素である．倹約，勤勉，家族主義，信用重視等の価値観が創業後の事業展開，成功に寄与したもので，家族組織で統制でき，かつ資本の回収が容易な業種（貿易小売，運送，不動産等）が選好される．後述する同族経営，血縁者による事業相続の企業統治パターンでは，非同族メンバーに平等な機会が与えられないため，彼らが忠誠心を保てず，スピンオフしてしまい，（「鶏口となるも牛後となるなかれ」との諺が示すように）新たな創業を生み出すことにつながる．こうしたことは華人系企業の組織の欠陥，近代化大企業に成長しにくい根本的原因の1つとして紹介されてきた．

華人系経済において伝統的事業モデルの温存——家族志向，小規模志向，開拓よりも先代創業者の業種・顧客への固執——が企業家精神の保持を困難にするとも考えられるが，こうした意識では企業の成長に限界があると認識した経営者は，伝統的な中国的価値観を維持しつつ，外部の専門経営者を積

極的に活用する方向に転じはじめている．伝統型創業者では，企業家精神を失わずにいる長江実業の李嘉誠，台湾プラスチックの王永慶，シンガポールの Hong Leong のクェク・ホンプン（郭芳楓）等が好例である．

2） 知識型創業

創業する前に勤めていた職場で専門分野を生かせる部門を任され，そこでの経験または感じた制約をバネに，ベンチャー・キャピタルの支援を得て独立するケース．このなかには，財閥系経営者の子弟で，最初は家族による事業支援を受けて新事業を立ち上げるパターンも見られる．台湾プラスチック創業者の長女・王雪紅による威盛電子の創業，長江実業の李嘉誠の次男・リチャード・リーによる Star TV や PCC の創業にこの形跡が見られる．また，欧米で高等専門教育を受け，専門知識を生かす形の創業ブームが 80 年代末期から興ってきた．シリコンバレーでの多くの事例がこの状況を反映している．理工系の学位を取得してから大手計算機・情報通信系企業に就職し，良い業績をあげても管理職に昇進できないという目に見えにくい人種差別（いわゆる「ガラスの天井」）の存在に悩まされた華人エンジニアが，雇われサラリーマンから自立創業するケースが増えた．

しかし，豊富な専門知識，奇抜なアイディアをもっていても，資本力に欠けるため，長い間顕著な実績をあげられずベンチャー・キャピタルから見向きもされないとか，商品化に成功しても上場前に現地大手ベンチャー・キャピタルに乗っ取られるといったケースはしばしばあった．米国証券・金融界において，華人は技術職・研究職としては優れているが，管理者として企業を運営する才能には欠けると酷評されていた．文化的に自己アピールが下手で，言語面でなんらかのハンディを負っているために，米国スタイルの企業経営に不向きということであろう．

しかし，80 年代中頃以降，電子・情報産業の各分野に華人エンジニアが集積し，ベンチャー・キャピタルの厚みも増し，創業に成功した一部の華人の経験も手伝って，シリコンバレーを中心に，華人による新規創業のケースが急増している．良いアイディアをもち，将来性が見込まれる者に，ベンチ

ャー・キャピタルが積極的に協力するようになり，状況が一変した．台湾系ベンチャー基金の進出，創業企業の上場による華人系独自の創業基金の出現，現地米国系ベンチャー・キャピタルの積極的関与への姿勢転換，これらが華人系ベンチャー起業ブームを下支えしている．目下，創業の主流は，CADやICの設計領域，半導体応用領域，およびインターネット領域の3つのグループに分かれ，やはり初期投資が少額の，頭脳型の分野に集中している．①創業者の若年化，②積極的買収・合併，戦略的提携，有能なエンジニアの引き抜きによる事業規模・市場拡大戦略の採用，③華人系事業者同士の相互連携の強化など，いくつかの傾向が見いだされる．

筆者が1995年9月から1996年8月にかけてサンフランシスコ湾域のカリフォルニア大学バークレー校で在外研究していた当時収集した資料では，華人系創業のハイテク企業が400数社といわれていたが[5]，1999年のカリフォルニア大学公共政策研究所の調査によれば，シリコンバレーの約7,000社のハイテク企業のなかで，華人により創業され，華人資本に統制されているものが2,001社といわれる．欧米留学の知識や経験と華人というバックグラウンドが，かつては「科学研究の有能者，管理の愚か者」と評されるように，エンジニアとしてハイテク企業に貢献しながら，上層管理職に昇進できないジレンマを抱え込ませていた．エンジニアとして優秀な中国系が管理者になるには，英語表現力とコミュニケーション能力がしばしばネックになっていた．「ガラスの天井」という目に見えがたい差別が彼らの創業意欲をかきたてたといった声が，インタビューでしばしば聞かれた．ハイテク産業にとってアジア地域市場の魅力が増したこと，ビジネス志向の華人科学者の層の厚さ，彼らの欧米的価値観を受容する能力の高さ等を評価し，上層管理職に昇進させるケースも増えてきている．能力主義の採用，移民か否かを問わなくなったシリコンバレー大企業の企業文化の変化がこのような状況をもたらしている．

80年代前半までの長い間，シリコンバレーの大手情報通信産業の上層管理職に昇進できた華人は数人程度で，90年代に入ってから急増した．表2-2

表2-2　シリコンバレー主要企業における華人のビジネス成功者

氏名	所属会社でのポスト	会社売上高 (億ドル)
楊耀武	Hewlett Packard　副社長	470.61
虞有澄	Intel　常務副社長	262.37
顔維倫	Sun Microsystems　副社長	97.91
丁運明	Oracle　副社長	71.44
王崇智	3 Com　副社長	54.20
陳文雄	Solectron　創業者	52.88
王寧国	Applied Materials　副社長	40.42
林傑屏	Lam Rescarch　創業者	10.53
沙正治	Netscape　副社長	4.48
陳　都	KOMAG　創業者	3.29
李信麟	CMC Industries　会長	3.02
徐建国	AVANT！　社長	2.27
陳兆良	ESS TECHNOLOGY　会長・CEO	2.18
楊致遠	Yahoo！　創業者, 理事長	2.03
臧大化	Oak Technology　創業者	1.57
李学勉	Integrated Silicon Solution　創業者	1.31
林建昌	Trident Microsystems　創業者	1.13
汪精中	E-TEK Dynamics　創業者	1.07

出所：『亜洲週刊』1999年7月12日号, 46ページ.
原資料：各企業年報.

がその一端を示している．しかしガラスの天井は上がったのかもしれないが，なくなったわけではない．彼らの多くもいずれ独立創業することが十分に考えられる．

　また，ICから情報通信産業へ転換を成し遂げたシリコンバレーの存在とともに，アジア系ベンチャー・キャピタルが育ちつつあり，大きな役割を果たしていることも無視できない．台湾，シンガポール，香港の資金が流入し，華人系企業家の創業を支えている．対米進出した台湾系ベンチャー・キャピタルの9割がシリコンバレーに集中し，台湾の電子・情報通信産業の発展もシリコンバレーの人脈，技術に負うことが大きいことはいうまでもない．玉山科学技術協会，華人系エンジニア協会，中華専門家協会等が事業ネットワークを構築する場を提供している．

スピンオフや最初から独立創業するケースのいずれも広く見られ，ビジネスとして成立し一定規模に成長してから上場させるか，大手IT企業によるM&Aに積極的に応じるケースが多く見られる．このような形で創業者利得を享受するやり方は従来の華人系ビジネスと根本的な違いをなしていることから，欧米的（米国的）経営スタイルを吸収した，新しい創業パターンとして注目される．

以下では企業家精神にかかわっていくつかの知識型創業のケースを検証してみる．

3. 華人系資本におけるケース・スタディ

(1) Yahoo! の創業とその経営戦略
1) 創業

Yahoo! は，スタンフォード大学電気工学大学院博士課程に在籍していた台湾出身の留学生ジェリー・ヤン（Jerry Yang，楊致遠）とカナダ出身のDavid Filo の2人によって1994年に設立された．彼らはインターネット時代の到来を見越して，莫大な量のホームページをシステマティックに検索するための電子ディレクトリサービス方式（WWWガイド）を考案した．だが，検索者に費用を負担させず広告料収入を当て込むという，創業当時ではユニークなサービス方式の事業化は，業界では冷ややかに見られていた．Yahoo! は後に考え出された名称で，Yet Another Hierarchical Officious Oracle の略称である[6]．

Yahoo! の正式な立ち上げを支援したのは，シリコンバレーにある大手ベンチャー・キャピタル，セコイア社（SEQUOIA CAPITAL）である．IT業界の成功企業CISCO，ORACLE等にも出資した会社で，当初具体的な収入の当てもない無料検索サービスの奇怪な名前をもつ会社を支援すべきか否かと大きな迷いがあったと言われている[7]．

テレビやラジオと同様に，ホームページ検索も広告料収入のみでビジネス

として成り立つとの創業者の計画立案に賭けたこのベンチャー・キャピタル会社は，結果として大きな成功を得た．Yahoo! は名前の響き，覚えやすさもあって，たちまちユーザーに広く受け入れられ，その後相次いで類似の検索会社が登場しても支配的地位を奪われることはなかった．Yahoo! のホームページへのアクセス件数は 94 年中頃まで日に数件であったが，同年末には 1 日平均 10 万件，95 年 100 万件，98 年 1 億 6,000 万件となり，99 年には 3 億件を超えている．

2) 上場と管理組織の強化

Yahoo! が上場を果たしたのは 1996 年 4 月 12 日，ちょうど筆者がサンフランシスコの対岸にあるバークレーに滞在していた時で，そのニュースは毎日地元新聞や TV 番組をにぎわしていた．上場時の売出価格は 13 ドルだったが，初値が 24.5 ドルで，当日の終値が 33 ドルと付き，その後ハイテク企業の株価と時価総額の成長記録を相次いで塗り替えたほど，市場の評価は高かった．

創業者の 2 人は，往時の日本の代表的な優良企業ソニーや本田の創業パートナーと同じように，極めて優秀な技術屋と敏腕なセールスマンの組み合わせである．Jerry Yang は社交的で，記者発表や講演を一手に引き受け，会社のアイコン的存在であるのに対して，Filo はシステムの開発・管理に没頭している．上場前にセコイア社から資金注入を受け，日本のソフトバンクの資本参加をも受け入れた．財務的な余裕を有したころ，専門管理スタッフを補充することによって組織機能の強化に努めたが，創業者 2 人とも自分たちには事業経営の経験がなく，CEO としての才能がないことを自覚し，専門経営者の経営参加の必要を感じた．

ベンチャー・キャピタルの推薦で，スタンフォード大工学系出身で創業に成功した経験をもつ Tim Koogle が CEO として招聘された．Yahoo! の収入源である企業広告をいかに引きつけるか苦心した結果，ホームページの拡充，ロイター社の支援を受けたニュース提供サービスによりユーザーを増すことで，広告主をつかむことに成功した．上場後株価の堅調な推移は，

Yahoo! の将来性への投資家の期待に負うところが大きく，それを維持するには，売上収入の裏付けを必要としていた．

単なるインターネットの検索サービス提供者から，総合メディア企業への転身がYahoo! の基本戦略として掲げられ，その実現を目指して「情報内容の充実」，「流通ルートの拡張」，「ブランド知名度の向上」が柱として据えられた．これらは無料電子メールサービスの提供のための"411"という名の会社の買収，他社とのホームページによる宣伝の相互支援，500万ドルに及ぶ広告宣伝費の投入に現れている．

創業者らはCEOにストックオプションを賦与し，その成果をたたえた．一方でいつ大手のマイクロソフトが同事業分野に乗り込んでくるかと，対決や刺激路線を避けるようにしている．

Yahoo! の成功はハイテク部門で優れた技術を発明したからではない．無料検索システムの提供によって広告主を引きつけるというアイディアの具体化でイノベーションを実現したこと，大手インターネット業者による幾度の買収提案にも応じず，ベンチャー・キャピタルの支援を取りつけることによって財務基盤を固めたこと，急成長したころ創業者とともに自らの管理能力の限界を認識し，いち早く専門経営者を雇い入れたこと，自分たちの長所を遺憾なく発揮できたところに，その企業家精神を確認することができる．Jerry Yangは初代移民でありながら，華人系にありがちな自己アピールの弱さを感じさせず，ネイティブに近い英語でYahoo! の顔を演じ続けてきたのも新しい型の華人系企業家として認識されよう．

上場後の主要財務データを表2-3に示す．その事業に対する社会的期待が株価や時価総額の推移に現れており，買収・合併に伴う資産の増加，検索サービス利用者数の増大に伴う広告依頼の増加，広告料収入の増額も見て取れる．利益が出ない，あるいは株価上昇幅に見合うほど利益が増加していないネット関連企業が多いなか，Yahoo! は順調に利益を伸ばしているほうであり，イメージが先行するというインターネットビジネスに共通の課題を克服し，業績の堅調な成長を追求する戦略を採ってきた．

表 2-3 Yahoo! 株価と業績の推移

	株式時価総額 (億ドル)	売上 (億ドル)	利益 (億ドル)	総資産 (億ドル)	Global 1,000 社における順位
1998 年	42.29	0.67	−0.23	1.42	834
1999 年	294.6	2.03	0.26	6.22	148
2000 年	614.23	5.83	0.67	14.70	82

出所: "The Global 1000", *Business Week*, July 13, 1998, July 12, 1999, July 10, 2000.

(2) チャールズ・ワンと CA 社の成長

1) 創業経過

チャールズ・ワン (Charles Wang, 王嘉廉) は 1944 年中国生まれで, 世界第 2 のソフトウェア開発会社 Computer Associates International (略称 CA) の創業者であり, 現在も取締役会長を務める. 父親はハーバード大学法学院卒で上海最高裁判所の裁判官を務めた経歴の持ち主で, 1952 年に家族とともに米国ニューヨークに移住した. チャールズ・ワンはブルックリン工業高校, 市立クイーンズカレッジ卒業後, コンピューターソフトウェア開発に関心を持ちはじめた. コロンビア大学電子研究実験室にて 4 年間の専門教育を受けた際, 最良の事業パートナー Russ Artzt と出会う. 2 人は Standard Data Corporation に就職した後, 1976 年仲間 4 人で CA 社を創設し, 81 年に上場に成功した. M&A による拡大戦略を遂行し, 創業後年平均 30% 以上の成長を遂げ, 92-97 年の間では年平均 54% の自己資本利益率を達成している[8]. ソフトウェア市場ではマイクロソフトに次ぐ, 商用ソフトウェア最大手に成長させた. 目下, 従業員数 1 万 1,000 名, 30 数カ国に計 150 の子会社を有する. フラット型の経営組織に改革し, 自由な気風, 独特なインセンティブシステムをもつユニークな企業文化を有する企業として注目を集めてきた. チャールズ・ワンは 1999 年度の米国 CEO 長者番付で, 年間報酬も過去 5 年間の報酬合計額のいずれも首位を占める.

2) 買収・合併戦略

CA 社が商用ソフト (企業メインフレーム向け) の最大手に成長したのは,

M&A 戦略に負っている．創業後 24 年の間，計 60 数社を吸収し，ソフトは 500 種に及ぶ．M&A によって入手したソフトウェア会社を思いきって整理してしまう強硬な手法は物議を醸してきた．特に，対象企業従業員の大量解雇をめぐって批判が集中している．M&A の手続き終了後に，チャールズ・ワンは対象企業全社員に関する詳細な個人資料を提出させ，CA の人事専用処理プログラムによって順番をつける．形式上，これら社員 1 人 1 人と面接するが，プログラムによる採点結果に基づき，彼らの運命はすでに決定されていることが多いという．数日中にこれら従業員は CA 残留組，試用組，切捨組に三分されてしまう．外部の批判に対して，チャールズ・ワンは「CA に残して活躍の場を与えないより，レイ・オフのほうが彼らのさらなる発展のためになる」と応じるが，いったん CA 社の正社員になった後の再解雇は創立以来 1 件もない事実から，独特な人事管理システムが採用されていることがうかがわれる．景気の波に揺れることなく，堅実な成長を遂げてきたことが背景にある．

業界での知名度は高くても世間一般に広く知られていないトップ商用ソフトウェア会社と業界誌に評されている CA 社は，業界誌に製品広告を載せる以外，広告宣伝費をかけないマーケティング戦略をとっている．マイクロソフト社が PC（個人パソコン）向けのソフト販売を主とし，PR 部門に専門スタッフ 200 名を抱えているのに対して，CA 社はわずか 8 人しか配していない．*Computer World* 誌は，CA 社の上級管理職が同業他社の幹部と富や名声を公に競い合わないことや，会社の遠大な目標や文化の吹聴も好まないこと，ソフトウェア業界の親睦組織にも積極的に参加しないことを取り上げ，その過度な保守姿勢を異端視する報道をしているが，これは CA 社の業績中心主義，経営の堅実さの証明でもある[9]．

3) CA の企業文化

チャールズ・ワンは人事評価では，出身校や MBA の有無を見ず，実力主義を貫いている．このことは彼自身が学士で，プログラマーの資格を持ち，自らの精通している業種で創業・事業経営していることと無関係ではない．

表 2-4　ソフトウェア業界における主要買収・合併例

被買収・合併企業	買収側企業	買収金額	年
Netscape	AOL	42 億ドル	98 年
Platinum	CA	35 億	99 年
Lotus Development	IBM	35 億	95 年
Legent	CA	17.8 億	95 年
Power Soft	Sybase	8.75 億	95 年
Word Perfect	Novell	8.55 億	94 年
Uccel	CA	8.3 億	87 年

出所：各種報道.

表 2-5　CA 社経営業績の推移
（単位：千 USD）

年	総収益	純益
1999	5,253,000	1,301,000
1998	4,719,000	1,190,000
1995	2,622,992	431,904
1994	2,148,470	401,262
1993	1,841,008	245,544
1992	1,508,761	162,909
1991	1,300,558	130,255
1990	1,295,978	157,751
1989	1,232,287	130,391
1988	923,730	64,239
1987	628,808	30,373
1986	509,896	47,499
1985	227,806	21,540
1984	158,527	15,135
1983	58,148	9,009
1982	43,178	5,215
1981	30,269	4,443
1980	17,874	1,817

出所：CA 年報と "Grobl 1000", *Business Week*, 各年版.

M&A 対象企業の管理職・社員の処遇方法もその一端である．社内ではチームワークの重視，忠誠心（愛社精神）の養成で成果をあげ，創業当時の 4 人から 1 万人を超す社員を抱えるようになるまで，共同創業者も買収対象企業の残留管理職も，たもとを分かつことなく CA の共同経営に参画してきた．勤続 10 年社員に対するロレックス時計の贈呈，グループ内の社員オリンピック開催等がその一環である．

CEO である Sanjay Kumar はスリランカからの移民一世で，大学卒の資格も持たない．彼が 87 年に買収された Uccel 社の製品開発部の管理職から 1993 年に社長に抜擢された時は 31 歳で，米国上位 500 社中最年少の CEO として話題を呼んだ．

CA 社は官僚的非効率性を発生させないために，組織を極度に簡素化（フ

ラット化）し，一部スタッフによる各部門の総責任者への報告は直接対面式を採用している．極力，形式的な会議をなくし，下部管理職が必要に応じて自由に上層部管理者（社長・会長を含む）に随時面会できるような弾力的な業務運営システムが定着している．職掌の調整が頻繁に必要に応じて行われ，多い時は年に 4 回もあるという．

　勤務体系も多くの企業が採用している午前 9 時から午後 5 時の固定制ではなく，所属単位，分担している業務の必要性に応じてフレックス・タイム制が採用され，朝食の無料提供，社内託児所，健康センターの設置等，働きやすい環境が保証されている．

　業績評価は個別順位主義ではなく，段階区分方式が採られ，従業員は各自自分がどのランクに属するか知らされる．社員の平均年収は IBM より 3 割高い（同社の説明による）．米国 *Forbes* 誌が公表した 1999 年度の上位 500 社における CEO の年間報酬ランキングでは，チャールズ・ワンが首位を占めた[10]．チャールズはあるインタビューでストックオプション分の扱いで誤報道があったと説明したが，CEO としては株主のために高い価値を創造した場合，褒賞を与えられるべきで，ボーナス制度が特定の個人のためではなく，全社的なもの，社員の認可を得たものであれば，合理的な制度である，との見解を示した[11]．

（3）　リチャード・リーと PCC グループの経営戦略
1)　リチャード・リーによる PCC 社創業

　リチャード・リー（中国名李沢楷）は，長江実業の創業者で会長の李嘉誠の次男，パシフィック・センチュリー社（Pacific Century Co.）の創業者，現パシフィック・センチュリーグループの代表である．1966 年生まれで，13 歳から米国の中学校に留学し，後にスタンフォード大学電機工学部に入学，卒業後長江グループの中核会社ハチソン・ワンポア社に入社，Star TV 社の設立・経営・売却を成功裏に取りしきった後，パシフィック・センチュリー社を長江グループから独立した形で創業する．97 年以降，東京駅八重

洲口の JR 跡地入札，買収開発で日本のマスコミにもしばしば取り上げられたが，さらにその名を世に広めたのが 99 年の香港のサイバーポート（Cyber Port：数碼港．香港初のハイテクパーク）の開発権獲得，2000 年 2 月の香港テレコムの買収成功である．傘下に不動産業，香港サイバーポートの開発管理業務を担うパシフィック・センチュリー・ディベロップメント，高速通信サービスのパシフィック・センチュリー・サイバーワーク（インテル社との合弁），パシフィック・センチュリー保険などを従えながら，IT コンセプトを有する多数の企業に資本参加している[12]．

　1987 年大学を卒業した後，最初の職をカナダの投資コンサルタント会社 Gordon Capital 社に得た．90 年に香港のハチソン・ワンポア社の取締役として迎えられ，衛星放送の Star TV の創設に携わり，93 年にオーストラリアのメディア王マドック（Robert Madoc）に転売したことによって，30 億 HK ドルの売却益を得た．初期投資の資金を父親に返還した後，この純益分を入手したリチャードは独自の会社パシフィック・センチュリーを創業し，94 年にシンガポールの上場会社を買収することによって実質的上場を果たした．Pacific Century Asia Development と社名を変えて不動産・ホテル・保険等の事業を手がけるが，アジア金融危機の発生で経営業績は低迷したままである．

　アジア金融危機の直撃を受けた香港で，歪んだ産業構造の転換が強く求められはじめたころに，インテル社と共同で PCC 社（Pacific Convergence Co.）を 98 年はじめに創設し，インターネット事業を始めた．リチャードは不動産開発とハイテクを結びつけたサイバーポート開発構想を香港政府に持ちかけた．ハイテクパークの開発，科学事業振興は，香港の高地価・人材不足等の制約条件のため非現実的とされてきた．スタンフォード大学電機工学専攻，Star TV 創業の成功，神格化された華人実業家・李嘉誠の息子，ビル・ゲイツ（Bill Gates）の支援（香港訪問時，現地政財界向けの講演でサイバーポート建設構想を高く評価，推奨）等の要素が結びつき，「天の時，地の利，人の和」を得たこのサイバーポート構想(コンセプト)は香港政府の許可を得て，

PCC 社が開発権を勝ち取った．サイバーポートはソフトウェア開発やネットビジネス業者を誘致するためのインフラ開発が中心業務であり，性質上不動産ビジネスの色彩を有するため，その開発権が PCC 社へ一方的に移転することに対して，香港の不動産業界や政府の施政に厳しい態度を取り続けてきた民主党派が批判を政府と李嘉誠一族に集中させた．

PCC 社はリチャードによって不動産開発会社として創業されたが，ハイテク（IT）コンセプトを注入することによって，香港固有のコアビジネスである不動産事業を異なる方式で開拓する姿勢を見せはじめている．特に香港テレコムの買収にあたって，父親の長江グループに頼らず，多額の資金調達を IT コンセプトを組み込んだ傘下中核企業の上場，IT ブームに乗じた一部電信関係株の放出で乗り切り，シンガポールテレコムと激しい競争の末，買収に成功した．裕福な環境で育ち，欧米の高等教育を受けた華人実業家子弟の事業継承の行方，企業家精神の有無に関心が持たれるなか，ユニークな実例として注目されている．

2）香港テレコムの買収と意義

1995 年 5 月，北京にあるパシフィックセンター名義で香港上場企業の電信設備販売を業務とする得信佳（Tricom 社）を買収した PCC 社は，2000 年 2 月 29 日に 2,600 億 HK ドル（約 380 億 US ドル）に及ぶ M&A で香港テレコムを傘下に収めた．99 年度中間財務報告で，3,970 万 HK ドルの赤字を出している同社がこの買収戦略に成功した背景と意義に触れてみたい[13]．

香港テレコムの筆頭株主は大東電報局社（香港）であり，54% の所有権を保有していた．大東社は約 4 万人の社員，70 数カ国に拠点を置く英国系資本の大手多国籍企業である．子会社の香港テレコム社は近年毎年 100 億 HK ドルを超す純益をあげてきた．その事業領域は有線電話，移動通信，衛星通信，国際電話，インターネット接続サービス等多岐にわたる．かつては香港の電信事業を独占していた同社は，返還後の香港政庁の規制緩和策によって 8 社競合（新規参入業者 7 社が競争に加わった）の状況に置かれ，大きな競争圧力に直面していた．99 年 7 月，大東社役員会の入替にあたって，

新管理層が香港から撤退して英国に本拠地を移し，インターネット事業に専念するとの決定を下した時，シンガポールテレコムに経営権引受の打診をした．シンガポールテレコムは本国の狭い市場から海外への事業展開を積極的に計画している時期でもあり，2000年1月に双方接触の事実を公表した．
　2月11日，PCC社も香港テレコム買収の意向を公表したため，香港聯合証券取引所における買収合戦を見込まれた香港テレコムの株価は，3日後に57%も押し上げられた（17.65 HKドルから27.65 HKドルへ）．1株16 HKドルを提示したシンガポールテレコムに対して，PCC社は23 HKドルの買収価格を持ちかけ，大東社から香港テレコムの支配権を入手した．買収金額が2,600億HKドルに及び，数日のうちに決着がついたこの大型M&Aを敢行したことで，リチャード・リー個人に対する評価が上昇する一方，沈滞ムードが蔓延した香港経済に一石が投じられた格好である．
　この買収行動を通してPCC社の戦略的着眼点がクローズアップされている．香港では現地不動産系財閥がネットビジネスへの参入，またはインターネットを取引手段とするイメージ戦略を採りはじめているが，本格的インターネット事業を創出するケースはPCC社が初めてである．概念化段階を終えた時点で今後の事業内容の充実が求められる．98年以降相次いだネット関連企業30数社への資本参加，インテル社との合弁，中国のトップ・パソコンメーカー連想集団（レジェンド・ホールディングス）とのインターネット事業提携もその次の戦略の一環である[14]．これらはすぐには利益の創出につながらず，株価維持のために収益創出の必要に迫られるため，確実に利益創出力を有する企業のM&Aが近道である．香港テレコムはその知名度，事業性質，収益実績，潜在力のいずれをとっても期待どおりの対象である．株価収益率が20倍前後の香港テレコムとまだ事業利益を出せないPCC社の結合が，ただちに買収側の収益構造の改善に結びつくことは明らかである．
　自社を創業してから7年という短期間で事業の成功を収め，長期戦略を着実に打ち出しているリチャード・リーは，企業家的資質，企業家精神の旺盛な一面を見せている．*Business Week*誌による2000年度株式時価総額をベ

ースとした世界上位 1,000 社ランキングには，香港系企業 15 社がランキング入りを果たしている．リチャード・リーが 54.5% を保有する PCC 社は当該ランキングの 244 位に位置し，香港上場企業の株式時価総額では買収対象の香港テレコム社に次ぐ第 3 位に踊りでた．香港聯合証券取引所上場企業のなかで，初の本格的ネット概念株としての存在意義が極めて大きいと受け止められている．このランキングでは 98 年以降 3 年間，父李嘉誠の長江グループの中核企業 4 社が常連となっている．PCC 社とその持株支配の香港テレコム社が加われば，香港株式時価総額の約 3 割を占めることになるため，独占批判が巻き起こっている．それをかわすためにも M&A による擬制資本市場における価値操作ではなく，IT 産業での投資実績を 1 日も早く見せることが必要とされる．

インテル社との事業提携は，インテル社が合弁事業に新たに 5,000 万 US

表 2-6　香港の株式時価総額上位企業

2000 年順位	99 年順位	会　社　名	2000 年株価総額（億 US ドル）	1999 年株価総額（億 US ドル）	Business Week 2000 年順位
1	1	Hutchison Whampoa	492.44	323.61	109
2	2	C&W HKT	277.80	276.04	195
3	—	Pacific Century Cyberworks	211.18	—	244
4	5	Cheung Kong Holdings	210.09	188.87	251
5	3	Hangseng Bank	161.94	202.16	334
6	4	Sun Hung Kai Properties	146.36	196.59	364
7	12	Citic Pacific	106.00	54.59	500
8	6	CLP Holdings	96.69	118.40	543
9	8	Swaire Pacific	89.63	71.65	575
10	10	Hongkong Electric Holdings	69.84	64.48	695
11	—	Johnson Electric Holdings	68.07	—	714
12	7	Henderson Land Development	67.19	88.16	727
13	14	Cathy Pacific	60.80	46.48	787
14	9	Hongkong China Gas	55.83	66.91	849
15	—	Li&Feng	53.76	—	878

出所：Business Week, July 13, 1999, 同 July 10, 2000 より筆者作成．

表2-7　PCC社による資本参加，技術提携先一覧

99年 8月 2日	Intelとの合弁（PCCW設立）
99年 8月16日	Out blaze（ネットメンテナンスサービス）20%
99年 9月24日	CMGI（株式交換，ネットベンチャー・キャピタル）3.4%
99年12月28日	Golden Power（携帯電話製造）20%
—	Softnet systems（光ファイバー通信網）23%
—	Sina.com（中国最大ネット検索会社）
—	Silk routte Holdings（電子取引持株会社）25.1%
—	Total ecom.（eビジネス）50%
	計20億ドル投資

出所：『香港経済導報』2000年2月21日，その他報道参照．

ドルを注入し，関連IC，ソフトとシステムを提供するといったアジアにおける高速ネット通信の共同開拓を内容としている．衛星とTV回線を媒介に一般家庭にインターネットサービスを普及させる計画（ブロードバンドの採用）である．ユーザーがインターネットやマルチメディアチャンネルへのアクセスを容易にできるため，高付加価値の電子商取引の開拓が推進されやすくなる．PCC自身の事業展開を含め，サイバーポートへのマイクロソフト社，Yahoo!，HP，IBM，CISCO，ORACLE，ソフトバンクなど代表的IT関連企業の進出決定（2001年オープン時）は，香港経済の構造転換や，東アジア情報通信産業の発展における香港の地位向上に直接寄与するものとなる[15]．

　香港上場企業4社を含む巨大企業集団を傘下に従えるリチャード・リーの父親李嘉誠は，1940年に戦争を避けて家族とともに香港に逃れた．父親の病死により中学校への進学を諦め，時計屋職員からその会社の社長へ，プラスチック造花メーカーの創業・経営の成功から70年に長江社を設立，不動産の経営で財を成し，79年に香港に150年の歴史をもつ英国系総合商社ハチソン・ワンポアをM&Aで傘下に組み込んだのを契機に，今日のグループ事業の基礎を作った．業種が通信，不動産，港湾，ホテル，エネルギー，電気，小売をカバーするコングロマリットに成長したのは，李嘉誠の企業家としての資質に大きく負っていることは言うまでもない．香港の特異な政治

的位置に配慮した英中両国政府への一貫した協力姿勢が事業展開に少なからず効果を発揮したであろう．返還前後，多くの財閥系企業（特に英国系）が本社登録地を香港以外のタックスヘイブン（租税回避地）などへ相次いで変更したが，彼は引き続き香港に本社と中核会社をとどめながら，ヨーロッパにおける電信・コンテナ港事業，北米における石油・港湾・運送事業を大々的に推進してきた．

ハチソン・ワンポアという英国系総合商社の経営を引き継いだ後も，英国系の専門経営者を引き止め（現在の3人目のCEOは華人系），多国籍企業として堅実な事業戦略を展開させてきた．事業後継者として子弟の教育に力を惜しまなかったことは，従来語られてきた華人企業家像そのものである．リチャードを中学校からカリフォルニアに送り，建築工学を専攻する兄のビクター（李沢鉅）と同じスタンフォード大学に入学させた．リチャードは父親の背中を見ながら成長し，長江グループの中核企業の代表役員ポストに就くまで，順当な継承コースを歩んだ．専門スタッフを揃えてStar TVを創業した時は父親の融資に頼り，PCC設立はStar TV売却により獲得した利益を資本にしたこと，初期の事業も不動産中心であることから，父親の影を払拭することができなかった．

インテル社との共同事業の展開，香港テレコム買収によるインターネット事業体制作りの本格化でもって，リチャードの実質的独立と見なすことができよう．単なる財テクの一環としてIT概念を利用しているだけとの批判もある．相次ぐIT関連企業への資本参加，PCC本社管理層のトップに英国人のスタンフォード大出身者（エンジニア），通信，銀行の上級管理職経験者を据え，世界主要情報通信業大手トップ層と頻繁に接触し，対香港投資（サイバーポート）の確約を引き出す等の手腕から，その旺盛な企業家精神を見ることができる．ドラッカーの言葉を借りれば，リチャード・リーが採ってきた方策を「企業家的柔道」，「創造的模倣」に類する戦略と見なすことができよう[16]．

4. 企業家精神の発揚は続くか——むすびにかえて

(1) 企業家精神衰退論

　欧米諸国における企業家精神の衰退に関する研究調査があるが，その議論の焦点は創業者としてビジネスを成功に導いた企業家ではなく，既存大企業，先端産業における専門経営者に絞られている．ここでは吉森賢の論点を紹介するが，企業家精神について以下の定義が与えられている[17]．

　「企業家精神とは既存企業，とりわけ基幹産業における大企業の最高経営者が専門的経営者として，企業の長期的利益と個人的威信，権力，利益を実現するために，環境変化を見通し，これに先行して，危険を冒しつつ，戦略的革新を決定・実施する能力と意欲，及びその結果に対して最終的責任をとる勇気・自己責任・自助努力・自尊心，そして企業経営への献身よりなる一連の態度，心情，行動を意味する」．

　この論説ではイギリス・フランス・ドイツ・アメリカの経済産業の衰退を追跡し，そのなかで果たす企業家（専門経営者）の役割・責任を問うており，企業家精神の喪失や衰退の具体的な現れとして，①現代企業家の貴族化，②企業家精神の官僚化，③企業家の責任感喪失が指摘されている．

　いわゆる現代企業家の貴族化は，彼らが富の蓄積で自己満足に陥り，達成意欲を喪失し，貴族階級に勝るとも劣らない遺産を享受する現象である．組織は成功を重ね成長するにしたがい，初期の革新的精神が忘れ去られ，社会的支配的規範・制度に同化する傾向が見られる．

　企業家精神の官僚化とは，革新と危険負担により創造への緊張が支配的である，いわゆる企業家資本主義から，危険を避けたがる管理者資本主義へと移行した結果，企業経営が管理技法，とりわけ財務管理を中心とする統制機構，それに伴う経営者の現場からの遊離，生産やマーケティングなど企業の基本的機能に経験のない経営者の増大，ビジネススクール卒業生の偏重へと方向転換し，イノベーション意欲を持つ企業家が減少することになる．

企業家の責任感喪失は，上述の定義に照し合わせて，経済危機を迎えた場合の経営不振の責任を他者に転嫁する行動に現れる．アメリカ経済の日本企業に対する競争優位の喪失に危機感がもたれた時，一部にあった米国論者の主張にこれは当てはまる．

　シュンペーターやドラッカーが，企業家精神とイノベーションとの関係について，技術の側面に限らず経営制度の改善も含まれると主張したことを前提にすれば，創業資本を投じたオーナー経営者以外の雇われ経営者も企業家の対象となる．したがって，上述の現実は憂慮すべき事態である．

　企業家精神の衰退は大企業の雇われ経営者のケースに限らない．創業者経営支配の場合でもあり得る．いったん企業を創業し，経営の成功に導いた後，自らの実績に酔いしれ尊大になったり過度に保守的な姿勢に転じてしまうケースや，専門知識も冒険精神も持ち合わせない子弟に代表権を委ねた場合も，企業家精神の喪失または衰退の結果をもたらしてしまう．

　アジア的価値観，文化，伝統には冒険主義を評価せず，事業の失敗を善としない気風がある．創業者が事業成功後，新たな事業開拓に常に挑戦し企業家精神を失わないことができるのか，引退にあたって企業家精神を社内に植えつけることができるのか，多くの華人系企業家がまさに問われており，自ら問いつづけていく必要があろう．

(2)　華人系資本の企業家精神——衰退と再生のはざま

　企業家精神の衰退に関する指摘は，違う意味で華人系企業の企業家精神の存続・維持についての議論にも適用しうる．企業家資本主義の傾向がいまだ根強く残っている華人系企業では，同族経営の維持にあたって，欧米教育を受けた同族継承者の価値観の変化や事業規模拡大に伴う外部専門経営者の雇用の必要性に直面する．裕福に育ち，ハングリー精神や冒険精神を持ち合わせない2代目・3代目経営者の登場を憂慮する声が強くなっている．

　初代のオーナー経営者が事業を拡大させ，成功した後も大半が昔ながらの質素な生活を送っているのに対し，2代目が羽振りよく振る舞い，堅実な事

業経営よりも財テクに走る等，上述した企業家精神の喪失を実践している例も見られる（第3章後半では台湾における事業継承に関する調査報告を紹介している）．他方，家族単位の単一ビジネスを代々相続し，単純再生産を続けている多数の中小企業の場合も，イノベーションが期待されずにやはり企業家精神衰退の道をたどっているケースとして見るべきであろう．

　本章では，企業家精神との関連で華人系企業家による創業，事業経営を概観した．伝統的創業に関する議論が多く見られるため，紙幅を欧米留学・専門教育をバックグラウンドとする知識型企業家に関する分析に割いた．経済のグローバル化が情報通信産業の発展によって一層促進されていくなか，東アジア華人系資本および伝統事業に固執している西洋諸国の華人系資本が今後どのように自らの事業の方向転換をはかっていくかが注目される．したがって情報通信産業における上記華人系企業家による創業，事業展開の動きが示唆的な意味を有している．ここで取り上げた華人系企業家のケースに関する企業家精神のあり方を，以下のようにまとめることができる．

(a) これら3つのケースは創業者がそれぞれ中国本土，台湾，香港出身であるが，ともに米国留学，コンピューター科学関連の専門教育を受けており，自らの専門知識を生かした創業，事業経営をしている点で共通の特徴を有する．1人は資産家の2代目で事業継承の機会を自ら放棄し，本拠地に戻って独立創業した．他の2人は移民先である居住国の米国で親の職業とは関係のない事業を興した．事業経歴では，チャールズ・ワンが76年創業以降今まで現役トップ経営者を務めつづけており，ジェリー・ヤンとリチャード・リーはオーナー経営者としてほぼ同じく7年前後で今後も常に第一線で事業経営に当たっていくか，それとも職を退いて新たな創業をするか等，その動向が関心を集める．

(b) 企業家としての特質，企業家精神に富む点としてあげられるのは①強い独立精神，②決断，意思決定の速さ，③継続的イノベーションの姿勢である．リチャード・リーは長江グループの重役ポスト，目前に迫ったグループ事業継承を放棄しての創業．チャールズ・ワンは初めて勤め

た会社で事業提案を無視された後の独立．ジェリー・ヤンは大学院での研究テーマの延長で事業を立ち上げたが，大手ネット通信会社による吸収（高価買収）を蹴って事業の本格化にこだわった．ソフトウェア・情報通信分野で市場競争が激しく，トップの決断の速さが勝敗を決する重大な場面（M&A，提携等）でシンガポールテレコムを敵に回し，香港テレコムの買収を敢行した PCC のリチャード・リー．目まぐるしいインターネットビジネス界での合従連衡の流れのなかで，首尾よく立ち回ってきた Yahoo! のジェリー・ヤン．イノベーションとの関連で言えば，彼らはハイテク製品の開発ではなく，ニューコンセプト，システム構築面で成功している．創立企業の上場を契機に富豪となり，経営第一線から身を引くケースが多いなか，自らのグループ事業の拡大，繁栄のため「仕事中毒」で奔走しつづけることを選択している．

(c) 専門管理者を要所に据えており，自らの役割に専念している（会社の顔として，最高意思決定者として）．伝統的「白手起家」企業家が華人経済の中心的存在であったため，これら知識型企業家の層はまだ薄いが，シリコンバレーでのネットワークがすでに台湾における IT 産業発展に寄与してきており，シンガポール，中国，香港に波及しはじめている．個々のビジネスはネットワーク経済時代の到来に組み込まれていくが，伝統産業部門の華人系資本がどうやって自らの経営スタイルを調和させていくかが課題となっていく．

注
1) 企業家論の展開については次の 2 冊の著書が参考になる．R.F. Hébert & A.N. Link, *the Entrepreneur : Main Stream Views and Radical Critiques*, Praeger Publishers, 1982（池本正純・宮元光晴訳『企業者論の系譜』ホルト・サウンダース，1984 年）．Lee Tsao Yuan & Linda Low, *Local Entrepreneurship in Singapore—Private & State*, Times Academic Press, 1990（岩崎育夫訳『シンガポールの企業家精神―民間と国家』井村文化事業社，1992 年）．
2) 清成忠男編訳『企業家とは何か』東洋経済新報社，1998 年．斉藤弘行「マネジメント文献における企業家と企業家精神」『経営論集』1998 年 11 月．

3) Peter E. Drucker, *Innovation and Entrepreneurship*, Harper & Row Publisher, 1985（上田惇生ほか訳『イノベーションと企業家精神』ダイヤモンド社, 1985年）.
4) これに関しては、シンガポール国立華人企業家口述資料館の資料や一部調査報告が詳細な事例を提示している. Chan Kuok Ban, Claire Chiang See Ngon, *Stepping Out*, Simon & Schuster International Group, 1994.
5) 拙稿「北米華人社会の変遷と華人系資本の企業経営」『北九州大学経済学部創立50周年記念論文集』, 1996年.
6) 江浜編訳『破訳雅虎帝国』中国対外翻訳出版公司, 2000年.
7) David A. Kaplan, *The Silicon Boys and Their Valley of Dreams*, International Creative Management, Inc., New York, 1999（中山有訳『シリコンバレー・スピリッツ：企業ゲームの勝利者達』, SOFTBANK Publishing, 2000年）.
8) Computer Associates 社の成長, 組織運営については次の記事を参照されたい. Tough Guys, "Finish First", *Fortune*, August 4, 1997, pp. 56-58.
9) 劉暁利著『軟体霊竜：王嘉廉与CA電脳王国』遠流出版公司, 1995年10月, 9ページ.
10) 『Forbes（日本語版）』1999年8月号.
11) 『商業週刊』1999年5月3日号.
12) 『商業週刊』1999年9月6日号.
13) 『香港経済導報』2000年2月21日号, 28-29ページ. 『商業週刊』2000年3月20日号, 94-98ページ.
14) 「香港電信世紀大併購」『亜洲週刊』2000年2月2-21日号, 同3月6日号. 『商業週刊』2000年3月20日号.
15) "the High-tech son", *Forbes*, Oct., 1999.
16) Peter, E. Drucker, 前掲訳書, 371-390ページ.
17) 吉森賢『企業家精神衰退の研究』東洋経済新報社, 1989年.

第3章
華人系資本の企業統治構造

1. 問題提起

　企業統治論は，①企業の所有制度，所有と経営支配の関係（企業は誰のものか，経営者の選任，罷免権は誰にあるか，すなわち企業を誰が支配しているのか），②利害調整機構（所有者以外の関係者も含めたもの）のあり方，および③監視・モニタリングシステム（所有者の利益が侵害されないように，経営者のモラルハザードの回避を目的とする監査，監視機構）のあり方を基本問題としている．

　現代の株式会社における所有と支配，または所有と経営の関係が，経済学，経営学の主要テーマのひとつとして議論されるようになって久しい．1930年代初頭，バーリ＆ミンズ（A. Berle & G.C. Means）は，大資産家による会社の一元的所有と支配が，生産・経営規模の拡大に伴い，株式所有の分散，財産権の分解の進行に起因する「経営者支配」に取って代わられたとする，いわゆる「経営者支配論」を展開した．

　60年代以後展開されてきたエージェンシー理論は株主主権を前提に据えている．不確実性と情報の非対称性を常態とする状況の下で，所有と経営の分離が著しく進んだ現代の株式会社を対象に，自らの利益を最大化する目標を実現すべく一定の報酬条件を提示して経営代理人に経営権委譲しようとするプリンシパル（株主）と，会社経営の権限が委託されるエージェント（専門経営者）の両者間における最適な動機づけ契約関係を探求するものである．

株主と専門経営者との間の利害不一致に起因する専門経営者のモラルハザード問題が付きまとうため，それを回避する目的のインセンティブスキームまたはモニタリングシステムの構築を課題としている．

　企業統治論はアメリカを中心に展開され，近年日本でも所有と経営支配の関係を問い直し，株主主権論の視点から企業支配メカニズムの再構築（あり方の再検討）を試みようと広く関心をよんでいる．歴史，文化，社会制度の相違の影響で米英型，独仏型，日本型などの主要な企業統治パターンが確認されているが，激しい経済環境の変化，いわゆるグローバル化の進展により，これらはまた共通の課題を抱え，共通方向への接近が見られる．

　これらの議論を踏まえながら，華人系企業の統治構造に焦点を当ててみたい．従来の比較研究の対象は，現代企業制度や法制度が確立されており，国民経済の大枠のなかで捉えやすい先進諸国の株式会社に限定されてきたが，発展段階が異なる諸国に分散しており，単一国民経済の枠組みのなかで華人系資本の企業統治構造は捉えきれない．そこで同一の民族・文化を背景にもつ企業群に焦点を絞るため，単純な比較が極めて困難であることを理解した上で，華人系企業の統治構造がどのような特徴を有し，どういった背景，価値観の下で形成され，今後いかなる変化の可能性があるかを考察する．

2．世界主要国の企業統治パターン

(1) 株式会社制度

　企業を創設する際の資本調達様式によって，個人企業，合名会社，合資会社，株式会社など相異なる企業形態が存在するが，歴史的には企業規模を拡大させる方向で上記順序でより低次元（少数出資者，所有権譲渡なし，無限責任）のものから高次元（多数出資者，所有権譲渡可能，有限責任）の形態へ発展してきた．株式会社は会社法が与えた有限責任規定によって投資家の事業投資リスクを分散させ，大規模事業の創出を可能にし，19世紀の半ば以後，主要資本主義諸国において近代的企業制度として普及を見せ，巨大企

業の出現を可能にした．現存する企業の絶対多数は株式会社である．

　株式会社の法定機関として，会社経営にかかわる最高の議決機関である株主総会，事業経営に全責任をもつ取締役会，経営執行担当者で対外的に会社を代表する代表取締役および取締役の職務執行を監督・監視する監査役が常設される．株式には出資単位額を示す所有権とともに，議決権，利益配当請求権が付随し，株主の所有権割合に応じて会社に対する支配権の大きさも決まる仕組みにしたがって，支配権の行使は最高の意思決定機関とされる株主総会における重要事項の議決に現れる．株式会社の本質を「契約の集合体」としてとらえる会社法学の論点によれば，この議決権制度は複数の会社契約当事者のなかで，債権者，専門経営者が会社収益に明示的「固定請求権」を有するのに対して，株主だけが不確実性を有する（契約履行前に明示的に決定できない）会社収益に「残余請求権」を持つため，会社経営にかかわる限界的リスクを負担することへの最良のインセンティブの賦与として解釈されている．

　前近代的な株式会社のみならず20世紀初頭までの株式会社にあっても，少数の大株主が自ら取締役を務め，機能資本家として経営を司るか，一部専門経営者を取締役に採用しても，絶対的所有権を盾に，会社を意のままに運営していた．いわゆる所有と経営の未分離が常態であり，大財閥一族による所有と支配（同族支配）が一般的に見受けられる形態であった．

　他方，整備された証券取引所が大会社株式の譲渡性を一層高め，投資家の株式投資のリスクを分散させることによって株式会社の低コストでの大量調達を可能にし，所有の分散化現象をもたらした．産業の発展，事業の大規模化に伴い，単なる資本の所有者と産業資本家としての機能資本家とが分離するが，企業活動の複雑化により，機能資本家が担ってきた多くの経営管理活動を代理する専門的経営知識・経験を有する経営者群が必然的に求められ，会社経営はこれら専門経営者が中心になって，独自性を持って遂行されるようになる．バーリ＆ミンズがいう「経営者革命」時代の到来である．株式の分散化現象が，20世紀初頭から30年代にかけて米国の巨大会社において顕

著に現れたことが，経済学や会社法学における先駆的調査研究によって明らかにされており，そこから現代の株式会社は所有者によってではなく，専門経営者によって支配されているという結論が導き出された．しかし，所有権の分散化または多様化が基調的なもので，所有と経営の分離事象が否定し得なくても，所有と支配の分離も同様に定着したという結論には様々な批判が寄せられてきた．株式の分散化の進展によって最高の議決機関である株主総会を支配するのに必要とされる所有比率が低下し，上位株主個人もしくはグループによる少数支配が可能であることや，制度の違いがあるにせよ，金融資本・機関投資家による経営支配が現実的なものとしてあげられるからである[1]．

今日展開されている企業統治論は，ほとんど例外なく資本主義社会に最も普及している株式会社におけるものである．以下において主要企業統治パターンを検討した上で，華人系企業に見られる企業統治の特色を探ることにする．

(2) 主要な企業統治モデル

株式会社における企業統治の議論は，一般的に株主主権説を前提に展開されてきている．要約すれば，株式会社は株主のもので，株式会社の経営目的は株主利益の極大化にあり，経営機関である取締役会の構成員の選任・罷免および経営監督の代理機関である監査役の選任，罷免権のいずれも株主固有のものである．現実的には，所有と経営の分離構図が定着するなか（「経営者支配」に対する異論があるにせよ），専門経営者が株主への責任を十分に果たしていない，あるいは株主の利益を公然と無視する行為が往々にして発生するため，いかに経営陣のこうした行動を統制し，規律を課す枠組みを強化するか（いわゆる経営者権限行使の適正化）がやはり重大な課題になってくるわけである[2]．

企業統治構造は各国の社会的価値観，制度，慣行によって形作られ，これらの諸要素の変化によって変化しうるものである．第2次大戦後，資本主義

諸国において形成された主要な企業統治パターンとして，株式の流動性重視如何や主要株主層による企業経営への関与度合いをもとに米英型企業統治モデルと日独型企業統治モデルが認識され，また取締役の任免，経営陣への牽制様式を基準に米国型，ドイツ型と日本型の3パターンがしばしば取り上げられてきた[3]。

株主主権説を根強く支持し，エージェンシー理論の流れを汲みながら企業統治論議が展開される米国の株式会社では，株主と経営陣との間の利害関係は一般的に市場メカニズムによって調整される．社外取締役によって構成される報酬専門委員会が経営者の行動と経営業績を参照して経営陣の報酬を決定するシステムを採用しているため，敏腕な専門経営者が経営実績に敏感に反応する報酬決定契約制度を有する会社へ移動できる．また，株主は経営者の経営業績が悪い場合に資本市場で自由に持株を処分することができ，株価の低下で当会社が敵対的買収対象にされるため，経営者の無責任な経営を株式市場を通じて監視することができる．株式市場の流動性を重視する企業統治のメカニズムである．株式構成で検証すれば，個人株主による投資信託・年金基金が高いウエイトを占める米国がこのパターンに属し，英国も類似の構造を有していることが理解できる[4]。

他方ドイツと日本の株式会社においては，個人株主による所有シェアが小さく，事業法人および銀行による持株比率が高いため，株式の流動性が低い．ここでは株主グループと所有対象会社との関係（ビジネス面）が密接で，長期的である．日本の主要企業は安定的相互持合により企業集団を形成しており，ドイツの企業も公開に消極的で，主要取引銀行，関係企業による統治の色彩が強い．このシステムは外部企業による買収・合併特に敵対的な統合を防御するのに効果を発揮してきた[5]。

取締役の任免，取締役会の設置および監督制度のあり方については，米国，ドイツ，日本はそれぞれ明白に異なる様相を見せている．米国では株主総会によって取締役が選出され，取締役総会のメンバーは主に企業外部の人間から構成され，執行役員グループの給与・報償を決定する報酬専門委員会や彼

図3-1　株式会社の統治構造

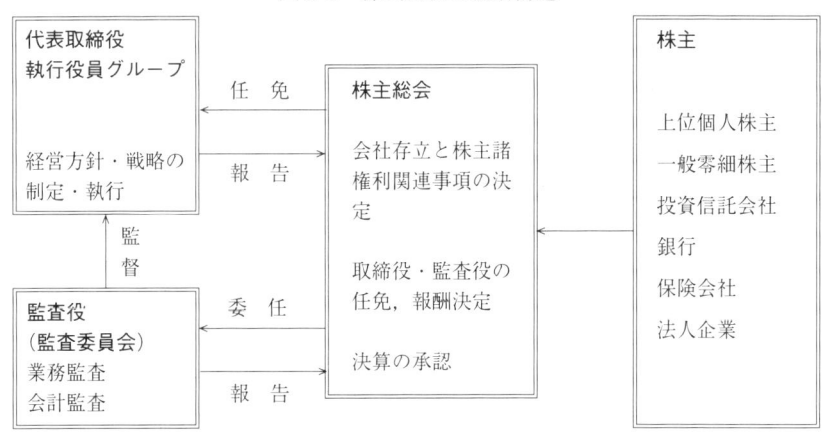

```
┌─────────────────┐                ┌─────────────────┐         ┌─────────────────┐
│ 代表取締役      │   任　免       │ 株主総会        │         │ 株主            │
│ 執行役員グループ │ ←──────────   │                 │         │                 │
│                 │                │ 会社存立と株主諸│         │ 上位個人株主    │
│ 経営方針・戦略の│   報　告       │ 権利関連事項の決│         │ 一般零細株主    │
│ 制定・執行      │ ──────────→   │ 定              │ ←────── │ 投資信託会社    │
└─────────────────┘                │                 │         │ 銀行            │
        ↑                          │ 取締役・監査役の│         │ 保険会社        │
        │ 監督                     │ 任免，報酬決定  │         │ 法人企業        │
        │                          │                 │         │                 │
┌─────────────────┐   委　任       │ 決算の承認      │         │                 │
│ 監査役          │ ←──────────   │                 │         │                 │
│ （監査委員会）  │                │                 │         │                 │
│ 業務監査        │   報　告       │                 │         │                 │
│ 会計監査        │ ──────────→   │                 │         │                 │
└─────────────────┘                └─────────────────┘         └─────────────────┘
```

らの経営行動の適否をチェックする監査委員会は取締役総会の中に設置される．執行役員グループは必ずしも取締役からなる必要がなく，企業内外部の専門経営者たちから構成される．ドイツの場合は労働組合と株主が同等の権利で上記取締役会に準じる監査役会のメンバーを選び出し，監査役会により経営執行委員会が決定される，いわゆる労働者参加型の統治構造である．日本の場合，形式上は経営執行の取締役会および監督責任を負う監査役会がともに株主総会で選任されるが，実質上企業内部で代表取締役が決定され，彼らによって取締役が任命され，また監査役が決定される構図となっており，株主でもあるメインバンクからの派遣取締役を除く，取締役候補者のほぼすべてが社内出身者である．いわゆる所有権なき経営者支配の統治構造である．

(3)　先進諸国に共通にする課題

近年，専門経営者のモラルハザードの発生，専門経営者に対する監視，監督機能の弱体化，無力化が先進諸国企業統治における共通の課題として指摘され，株主主権の回復を内容とする議論が盛んである．

会社法によれば，法人とは株主資産と独立した資産を所有しうるという地

位を法律的に与えられた存在である．公的存在であるが，法人自体は意思表示できないため，取締役が法人を代表して会社の行動，意思決定を遂行する．しかし彼らが会社の資産を私物化し，背任行為を行った場合は，株主による効率的監視・統制ができない事態が起こってくる．株式会社は株主主権であると主張されながら現実は異なっているため，特に取締役が内部出身者で固められる日本の法人ではこの問題が顕著に表れている．大株主が支配する前近代的な資本主義制度下の公的会社の私物化が問題とされていたが，専門経営者・従業員支配の現代の日本株式会社での非公開，公共性の疎外ももう1つの私物化としてやはり問題視されるようになり，企業統治構造の見直しが政財界で議論されるようになったのである[6]．社外取締役制度の導入（代表取締役の権限行使の適正化），監査役による会計監査機能の強化とともに業務監査機能の追加，株主代表訴訟制度の導入など商法の改正を通した改革が進められている．

3. 華人系資本の企業統治構造

華人系企業については，その分散的分布，地域ごとの華人移住・発展の歴史の相違，華人をめぐる政治・経済・社会環境の相異に起因する業種分布・規模・経営多角化の程度に多様性があるが，統治構造には類似する特色が見られる．すなわち，創業者，経営者一族（親族）による高い所有シェア，所有と経営の未分離（または所有と経営の一致），強い同族支配である．近代資本主義発展の流れのなかで，株式会社制度の普及，証券取引市場の発達に伴う所有の分散化，所有と経営の分離現象が資本主義諸国に共通に見られ，かつ理想的なものとして位置づけられてきたことを考えれば，こうした華人系企業の統治様式が時代遅れで，特異な存在に見えるであろう．以下では華人系資本の企業統治構造，それを形作る文化・環境的要因，および今後の展開方向を取り上げる．

図 3-2　華人系企業の統治構造

```
            創業者一族
         ／    ｜    ＼
持株会社を   直接所有   重要な役員
経由する間   と支配    ポストの独
接所有と支            占による支
配                   配
         ＼    ｜    ／
            傘下企業
```

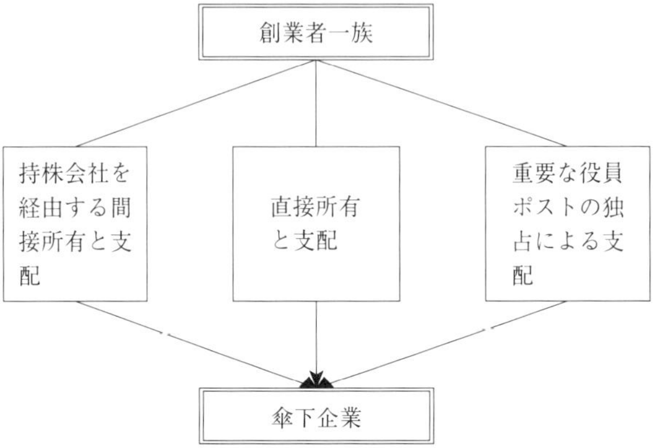

(1)　「同族支配」の構図

　華人系企業の統治構造は図 3-2 によってイメージできる．所有関係で見れば，創業者一族が自ら創設した企業に対して絶対的所有権を直接握る形態，持株会社の設立とそれを経由した間接所有形態，および直接・間接所有混在の所有形態が確認できる．これと並行して重要役員ポストを独占する支配手段が採られる．一般的には，経営規模が小さく，参入業種も限られる企業の場合は完全所有（直接所有）に近い形態を保ち，経営多角化の進展に伴い，または経営多角化・国際化遂行にあたって意図的に持株会社を創設し，一族の資産を持株会社に注ぎ込み，多種事業に分散投資していく．ASEAN 諸国，台湾，香港の証券取引所に傘下企業を上場させる華人系企業が増えてきているが，株式公開後も例外なく経営支配が十分可能な所有権が引き続き一族によってキープされている．持株会社には純粋な投資目的のものと特定事業を併せ持つ事業持株会社の両方が含まれるが，大手グループに成長した財閥を見れば，本社機能を果たす純粋持株会社とともに事業分野別または国際事業の展開にあたって地域別に単独の持株会社を設立するケースが少なくない．ASEAN 諸国の華人系企業が香港やシンガポールに国際ビジネスの統括本部としての持株会社を設立し，そこを通して海外投資を展開してきたこ

とは広く知られている．

　表3-1は東アジア主要華人系企業における所有と経営支配の一端を示す．企業ランキングの主要株主と会社代表（現役最高経営責任者）の項目からまとめたものであり，筆頭株主と会社代表が同一人物のケースと，明らかに同族支配と判明される持株会社によって所有され（筆頭株主となっている）かつ同族メンバーが代表者となっているケースのみを抽出し，両者の単純合計値を計算した．それ以外のケースでも，所有者と会社代表が何らかの縁戚関係にあり，表面的にすぐに判明できないものが含まれると推定できることから，1997年と2000年のデータに大きな変化が見られず，同族経営企業が普遍的であることがうかがえる．

　特に成長を遂げてきた華人系企業では傘下グループ企業の支配，事業開拓における持株会社の多用が，その所有・支配構造の1つの大きな特徴をなしている．純粋持株会社の目的は株式所有による他会社の支配にあり，その支配は従属会社の株主総会での議決権の行使を通じて行われるが，議決権の行使者は持株会社の取締役であり，持株会社の取締役会の決定は通常，従属会社自身の意思決定ということになる．従属会社の取締役の任免権はその株主総会にあるが，実質上は絶対的所有権を有する持株会社の手中にある．持株

表3-1　アジア華人系企業上位500社におけるオーナー経営者のウエイト

（単位：社）

	1997年			2000年		
	同族経営者*	持株会社**	小計	同族経営者	持株会社	小計
1-100社	52	16	68	61	20	81
101-200社	47	18	65	45	19	64
201-300社	45	17	62	51	19	70
301-400社	52	15	67	46	17	63
401-500社	57	10	67	52	11	63
計	253社	86社	339社	255社	86社	341社

注：＊筆頭株主と会社代表が同一人物のケース．
　　＊＊明らかに同族支配の持株会社が筆頭株主で，経営者が創業者一族のケース．
出所：『亜洲週刊』（香港）1997年11月3日号，2000年10月30日号を参照して筆者作成．

会社の取締役は自社の経営を含め，従属会社の経営にまで支配（その中心的業務執行事項の決定を実質的に統制する形で）を及ぼす構図となっている．創業者一族が持株会社の支配的所有権を保有することによって，多角的傘下事業を統治することができる．

　たとえ上場を果たし，企業集団に発展した場合でも，一般的に所有権の大半が少数のオーナー経営者の手に集中しており，同族メンバーが中核企業の代表取締役を兼務し，全面的に経営にかかわっているケースが広く見られる．個人・企業家資本主義の原形が華人系企業全般に残っていることが確認できる．華人移住の歴史が長い東南アジア諸国，北米一部地域においては，創業後数世代にわたっている企業や第2次大戦後創業された企業の多くでも世代交代を進めているが，同族を中心とする事業継承が広く見られる．国によって社会風土や制度に相違があるにせよ，華人系企業の場合絶対的所有権を盾にした同族メンバーによる経営権継承が遂行されている．伝統的には「父→子」を中心として，次いで共同経営に参画してきたその他親族，同郷者により所有権，経営権が受け継がれる．大企業や特殊な技術を要する業種に属する場合，専門管理者を雇用するケースが増えつつあるが，重要な意思決定権を得るまでは「家族化」プロセス（絶対的信頼を確証できるまで育成・家族との関係強化過程）が経験させられる[7]．

　程度の差があるにせよ，華人系企業の上述のような所有構造のもとでは，①組織構成・意思決定様式が比較的に単純であること，②所有者と経営者との間，組織間，組織内における利害調整が相対的に容易であること，③モニタリング構造も単純であること，④経営候補者群も狭く限定されがちであることなどを統治構造の特色として認識できよう．

(2) 同族経営の進化過程

　同族企業または同族経営といえば，非常に前近代的（封建的），閉鎖的というイメージが根強く付きまとう．通常，創業者一族が支配的所有権を持ち（所有の分散度が相対的に低い），オーナー経営者が事業を仕切っている形態

の企業を指しているが，企業数で見れば，現に先進資本主義諸国において今でも最もポピュラーな企業形態である．アジア地域では中小企業はほとんど例外なく同族経営を維持しており，多くの上場企業も依然として同族の色彩が強いことが各種資料で確認できる．日本の国税庁の 1993 年における調査によれば，税務署に法人税の確定申告をした会社 229 万 1,375 社のうち，217 万 9,646 社，ウエイトで見れば 95％ 相当数が同族企業と認定され，その大半は法人（株式会社）の形態を採っている[8]．他の調査報告によれば，80％ 強の米国企業，同率のドイツ，オーストリア企業，52％ のオランダ企業が同族企業で，平均 5 割強の総雇用を創出しているという[9]．ロスチャイルド家，ジャーディン‐マセソン家，ロックフェラー家，デュポン家，モールガン家，フォード家などの欧米大手財閥，財閥解体を経験した日本でも経済の顔でありつづけたトヨタ，松下，西武などのように創業後数代にわたって同族経営を続けたか，いまだに同族経営スタイルを維持しているビッグビジネスのケースが数多く存在する（租税制度や規制，証券市場の発達度によ

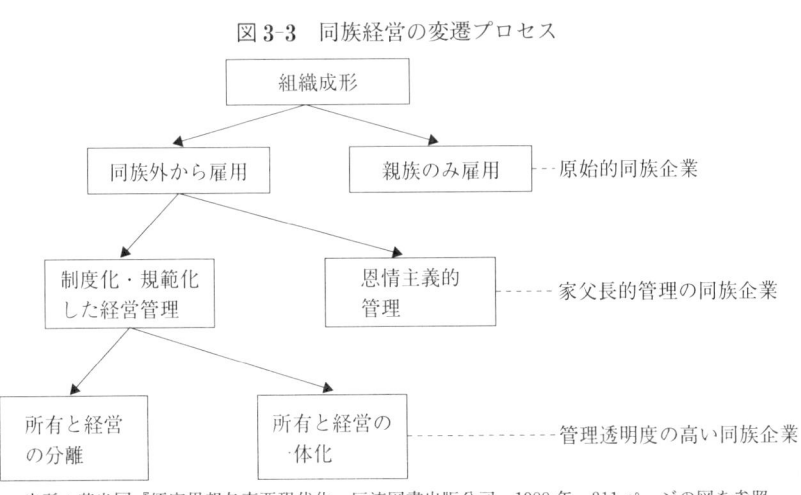

図 3-3　同族経営の変遷プロセス

```
                    組織成形
                   /        \
         同族外から雇用      親族のみ雇用 ……原始的同族企業
          /        \
  制度化・規範化    恩情主義的
  した経営管理      管理          ……家父長的管理の同族企業
     /     \
 所有と経営  所有と経営の
 の分離     一体化          ……管理透明度の高い同族企業
```

出所：黄光国『儒家思想与東亜現代化』巨流図書出版公司，1988 年，311 ページの図を参照，筆者が若干加筆．

り所有権の分散度は異なるが）．

ここでは台湾社会学者の黄光国教授の論説を参考に，同族経営変遷のスタイルを整理してみることにする[10]．

1）　原始的同族企業

家族メンバーのみから構成され，父親（家長）が社長，家族が社員で，一切の部外者を雇用しない．あらゆる生活資源の分配が「需給原理」に基づいて行われる．すなわち，家族メンバーの誰しも「もつだけの能力を尽くし，あるだけの需要を満たす」ルールを守り，努力と報償との合理的比例関係に関心が払われない．個人商店，飲食店，職人，家族工場などで今でも幅広く見られる．

2）　家父長的管理様式の同族企業

事業規模が大きくなるにつれて家族メンバーの労働力だけでは賄えず，同族外の人間を雇用するケース．所有権と経営権がオーナー経営者に握られ，家族メンバーが各部門の主要ポストを独占し，中間管理ポストに勤続年数の長く，信頼がおける同族外社員が就き，その他の部外者社員が下層労働力として扱われる．すなわち，管理様式が家父長的で明確な制度がなく，簡素な制度があっても機能しない人治主義の色彩が濃いものである．非家族メンバーに対し，その「忠誠度」に基づいて業績評価をする．

3）　管理の透明化が高い同族企業

経営規模の拡大，事業領域の発展に伴って，一族の管理可能な範囲を超えた場合，規範化した管理制度を制定して専門管理者を組織内に呼びこみ，一部重要な管理ポストに据えるパターン．ここでは，「公平性の原則」が導入され，権限と責任が明確化され，貢献度に応じて公平な報償を与える透明度の高い組織構造となっているが，同族が依然として絶対的経営支配権を持っており，基本的に所有と経営の一体化が維持されたままである．

図3-3が示すこの分類法を台湾企業の組織構成分析に用いると，中小企業の大半が2番目のパターンに，規模の大きい企業や上場企業の多くが3番目のパターンにあたるとされ，「官僚制の硬直性」を持つ公営事業，閉鎖的家

父長式の同族企業よりも，制度の透明度が高い同族企業のほうが経営管理の各側面において優れていることを結論づけている．ただしこれは，より理想的な形態を所有と経営の分離が実現される先進資本主義国の近代的組織であると位置づけた上での議論ではある．

この分類は海外華人企業の組織形態，統治構造の分析にも有用であり，華人系企業はこれらのいずれかに該当すると認識できる．一部変化が見られるにせよ，所有と経営の一体化が根強く，同族経営の色彩が極めて強いことの背景に分析の焦点を当ててみたい．

4. 統治構造形成の背景

(1) 企業観に影響を及ぼす文化的要素

華人史研究家王賡武は以下のように述べている．「華人の同族企業組織がその経営の成否を左右するものである．同族経営方式は華人独特のものではないが，華人のそれは柔軟性に富むものである」．この家族中心主義の価値観は海外華人の経営文化の主要部分を成しており，背後を伝統的文化観，儒教の教えが支えているとしばしば指摘される[11]．

儒家の伝統的な教えは，君子と臣下，父と子，夫と妻との関係に関する倫理規範（上下秩序）を提示し，社会秩序・理性主義重視を説くため，政権制度の維持をはかる論理として時の権力に重用され，革新勢力に守旧論理として批判されてきた．家庭関係にあっては人生の最も重要な責務は父母に対する孝行，血縁関係にある家族を大切にすることだとし，人生の目標も家庭内人間関係の維持と増進にあるとされた．家庭内では，個々のメンバーは仁，義，礼の倫理を学習し，外部社会でも実践・援用する．同族メンバーと親密な家族，宗族団体を構築する形で社会組織の基礎が作り上げられていく[12]．特に，倫理体系の中で家庭関係を秩序づけるものとして「孝道」が最も重視され，家庭内ではたくさんの子供を生み育てること，家産継承のための子弟の育成，外部資源の積極的獲得による自分と家族の各種の欲求の満足などを

目指す努力の必要が唱えられている．自己節制に絶えず努め，良好な人間関係を構築することによって現実世界における尊厳を保っていくこと，すなわち外部環境または世界に対する理性的な順応努力が理想的世界観とされた．

儒教思想が2000年以上にわたって異なる媒体を通じて中国人の価値観，深層心理を形作り，潜在意識の一部を成してきており，道教などの原始宗教とともに中国人の祖先崇拝，敬老，忠誠，孝行などの集団生活の倫理として伝わってきた．海外華人の家族主義，子弟教育の重視，事業達成意欲の高揚，同族への事業相続などはこうした論点をよりどころとして説明されうる．

しかしながら，マックス・ウェーバー（Max Weber）による批判のように，儒教が現実主義的価値観を鼓吹し，世界に対する理性的統制に導かないため，中国における資本主義の発展の妨げとなったとの説もある．この批判が正しいとすれば，韓国，台湾，シンガポールなどの経済開発の成功が説明できないし，儒教的価値観が根強く残る海外華人の資本主義的行動，ビジネスの成功も解釈しがたい，との反論が起こっている．経済発展の成功が異なる複数の要因の共同作用によるもので，「文化」はその1つであることが広く認められている．

儒教と経済発展との関係でしばしば言及されてきたのは，原始儒家により作り上げられた「士農工商」の身分秩序では，読書して官僚になる人のみ社会の頂点に立つことができ，商人が最も下層に位置づけられたことである．春秋戦国以降の約2000年近くの間，この身分制度が法律および倫理道徳教育によって守られ，衣食住，一般生活における礼儀作法各方面で厳しい規定が敷かれていた．商人はビジネスで蓄財できても，社会的に尊重されていなかったため，子弟に教育を施し，後にできた科挙制度（エリート官僚への登龍門となる受験選抜制度）により官僚システムに送りこみ，家族の利益を守る権力を入手することに励んでいたケースは，多くの史書や古典文学作品を通してうかがい知ることができる．宋末から明初期になって，農工業の発展に伴う商業流通の繁盛により商業従事者の社会における存在感が増し，商人蔑視の風潮は大幅に和らいだ．官や学と商との交流，身分の転換などを描く

文学作品,資料が多く見られる.

　華人の父祖地である中国東南沿海一帯(広東,福建を中心とする地域)は宋明当時,東南アジア向け,マラッカ経由の対地中海・欧州貿易の出発地であり,アモイや広州などが商港として開かれていた.東南アジアに多くの中国商人が行き来し,居住しはじめたとされる[13].明から清にかけてこの地域に来ていた中国人は貿易,商業を職業としていた.後にスペイン,オランダ,イギリスなどの植民地主義者の侵入に伴い,農民出身移民の大半は南洋開発のための労働力となったが,やがて,かつて土着民や植民地主義者が従事した多くの職業に就き,一部彼らに代替する存在となっていった.中国南部地域の出身者は商業についての知識を身につけており,「出稼ぎ」,「商売」の性質上,蓄財して故郷に錦を飾るのが有終の美とされる.華僑誕生のゆえんである.

　海外でのビジネスは信頼できる人材を集めることが必要である.中国の生活価値観を持ちこんだ彼らは,まず父親を中心とする家族メンバーのみで事業を始め,事業の拡大に伴って関係が親密な親族を重要なポジションに就かせていき,外部者を雇用する場合には家族メンバーによる厳密なチェックをする.創業者が年齢を重ね肉体的に事業を継続できなくなると,儒教の伝統にしたがえば正統な継承者は長男となるが,長男が故郷で先祖の墓を守る義務を負う場合やビジネスに必ずしも向かない場合,共同労働のなかで培われた経営の勘を有する長男以外の子弟が継承するケースが増えてきている.居住地政府と父祖地との関係の変化に翻弄されてきたことや,子弟が現地生まれで現地教育や欧米留学による後継者養成が一般的になってきているなか,中国的価値観をどこまで植えつけ,血縁重視の事業継承をどこまで効果的に維持できるかは今後の課題となろう.

　同じく儒教文化の色彩が強い韓国系資本の場合は,大財閥から中小資本までやはり一族による所有と経営支配が維持されてきた.事業相続が「長子優待不均等分割相続」(血縁関係者のみで構成されるチップ(家族)構造のなかで,「祖父―父―子」の基本線に沿って長男を中心に家系が継承され,長男以外の息子

が結婚を前後に分家して財産は分割相続される．ただし先祖の祭祀（墓）相続だけは長男に独占的に相続され，それにかかわる財産分与が加えられる）を貫き，一部では相続を契機に，グループの細分化（サブグループ化か独立）が進む傾向がある[14]．華人のような移民経済でないため単純に比較できないが，儒教観における類似が華人系企業の今後を占う面で参考になる．過度な規模拡張，タコ足式の経営多角化の追求が財務構造に著しい歪みを生じさせ，金融危機を誘発した一因と見られる．政府による産業組織の大改革が財閥系企業の統合，整理を含む形で進められており，ビジネス面における儒教伝統の維持如何に今後注目したい．

また同じく漢字文化圏で，江戸時代の一時期，儒教を治国の要に据えたことのある日本では，歴史的に「家」，「家元」の継承に「一子独占相続」制度が定着している．家産の維持拡大が後継者に与えられた責務で，必ずしも血縁者による相続にこだわらず，非血縁者でも有能であれば婿養子やはえ抜きの部外者などに家長資格を付与し，家を相続したケースが多く見られた[15]．戦後，財閥解体を経験した旧財閥系では一族の復権が認められず，生え抜きの経営者による経営支配が一般的であるが，上場企業を含めて大手企業における同族経営のケースも少なくない．『Forbes 日本版』の調査によれば，東証上場企業 1,850 社のうち，明白に経営権の世襲を施行したケースが 65 社確認された．また，上野・吉村・加護野による日本の上場製造業企業調査では，同族のケースは全体の 4 分の 1 に当たるという．バブル期前後における専門経営者による経営背任行為の頻発や経営不振の責任を追及するなかで，同族経営を再評価する機運が逆に生まれている[16]．

(2) 居住国の環境要因

東南アジアをはじめとする大半の居住地域では，華人系移民の生活環境や華人系企業の経営環境は決して恵まれたものではなかった．海外移住の動機に関する多くの研究が示すように，戦前までの海外集中移住は故郷の貧困，苛酷な政治，絶えざる戦乱のいずれかからの逃避が共通に見られる理由で，

より良い生活を目指すべく，本国政府から無保護のまま移住先における激しい差別，厳しい試練を耐え抜いてきた．居住先における環境の試練は彼らを政治よりも商ビジネスへ没頭させた．

華人の主要移住地のインドネシアでは植民地支配から独立した後プリブミ政策（土着民優遇政策）が採られ，中国語教育の禁止，伝統的行事催行の禁止，強制同化でも身分証における識別記号併記の強要にみられる民族差別が深刻であった（第1章参照）．経済面では，様々な事業免許制が新たに導入され，華人資本は伝統的事業業種から排斥された．また，華人資本経営企業に対し，土着民族へ所有権を譲渡（合弁形態）するよう定めた厳しい規定が長い間適用されていた．マレーシアのブミプトラ政策（土着の子優先政策）も貧困消滅，経済機能別分化現象の除去を名目に，法人所有権の再配分規定（30％超の土着民への譲渡），工業調整法公布による営業許可制限（マレー系の所有権30％超の製造業にのみ免許交付），土着民向けの職業・雇用枠設定などで，華人系企業の正常な経営に足かせをはめた．

厳しい差別・規制により廃業に追いこまれた企業は少なくないが，対応策として転業や資本逃避，またはアリババ型法人への変身がよく見られた．いわゆる「政商」の存在もこうした環境の激変に起因する側面が少なくない．

家族・血縁重視の儒教的生活倫理がこうした環境の厳しさによってさらに強められたと言えよう．企業が家庭の延長であると認識している華人にとっては，一族が一致団結して築いた富を血縁者のみに引き継ぐ家産相続スタイルが当然のように思われてきた．

5. 同族経営の是非をめぐって

同族企業は家族，企業（事業），所有の3つの相異なるシステムが交差してできるシステムと見なすことができる．3者はそれぞれ異なる性質，利害，需要を持っている．家族システムは感情をベースとするもので，メンバーの生活の安寧，水準の向上を目指すため，各メンバーの需要を重視する．企業

システムは従業員，管理者と取引先をメンバーとし，業務志向的で，内部では効率性を重視し，対外的には取引先の需要を優先させる．所有権システムは株主または所有者が主体で，同族メンバーと非同族メンバーを含み，会社に出資しながら経営・監督に責任を持つ機構である．

これらの関係は図 3-4 によりイメージでき，同族企業の関係者はこの 3 つのシステムのいずれかまたはすべてに属する可能性がある[17]．オーバーラップしている部分に FO, FB, BO と FBO がある．FO は家族メンバーで所有者であるが，事業経営に参加していないグループ．FB は家族メンバーであり，経営にも参画しているが所有権を持っていない人々．BO は所有者であり，事業経営にも参画している非家族メンバーを指している．中心に位置する FBO は家族メンバー，所有者，経営者の 3 つの身分を兼ねており，いわゆるオーナー経営者である．各グループは事業に対して異なる立場から独特の需要と期待を持っており，ある問題に対処する時にどちらの立場で判断し，行動しているかによって混乱が生じうる．優先順位が乱れてしまうと，誤った意思決定を導きやすい．家族の資源を事業経営に効率的に活かすことができれば理想的であるが，家族の私的需要を事業よりも優先させ，本来遂行すべき業務をおろそかにしてしまった場合，企業経営がダメージを受けることになる[18]．

図 3-4 同族企業の関係イメージ

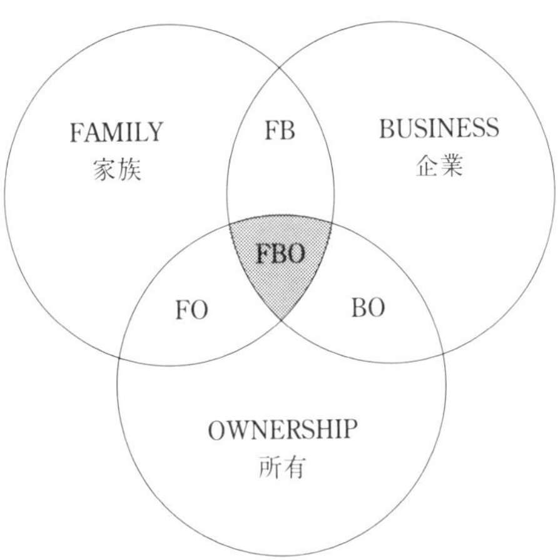

FAMILY 家族　FB　BUSINESS 企業　FBO　FO　BO　OWNERSHIP 所有

同族企業の経営について様々な評価が存在するが，Dennies T. Jaffe によれば，米国同族企業の平均寿命は 23 年であり，うち 39% は第 2 代目まで，わずか 15% しか第 3 代目まで継承されていないという[19]．同族企業の継

続繁栄を阻害する重要な理由として①単一製品への固執，イノベーションの原動力が生まれないこと，②環境の変化に適さない，③２代目経営者の育成の遅れによる活力の喪失，④家族の多すぎる私的需要を満たすのに企業が犠牲にされていること，⑤家族構成員同士の意見不一致による統制喪失，生産力低下，⑥習慣や勘への過度依存，専門化した経営管理知識，組織の欠如，⑦「業務」と「家族」における立場の相違を混同しがち，などが挙げられて

表 3-2　同族企業の優位性と脆弱性

優位性	脆弱性
長期志向	限定された資本市場へのアクセス
行動の独立性 株式市場による圧力の回避 買収・合併対象になりにくい	不明瞭な組織 煩雑な構造 明確なタスク・ディビジョンの欠如
尊厳の源となる同族企業文化 安定性 強い自己意識・関与・動機づけ リーダーシップの継続性	縁故主義 家庭的理由が事業論理を超越する 適切でない家族メンバーの経営参加 公平でない報償システム 専門的管理者を引きつける魅力の欠如
困難期における弾力性 利益の自発的再投資意志	甘えの構造
抑制された官僚制と非個人主義 柔軟性	内紛の頻発 軽率な決定 ビジネスと家族の私的需要の混同
財務的利点 大きな成功の可能性	家父長的独裁主義 変化への抵抗 秘密主義 依存性性格の誘発
事業知識の取得 家族メンバーに対する早期訓練	財政的圧力 事業を食い物にする家族メンバーの存在（公私混同） 貢献と報償の不均衡
	事業継承をめぐる紛糾

出所：Manfred Kets De Vries, *Family Business—Human Dilemmas in the Family Firm*, International Thomson Business Press, 1996, p.23, Table 2 をもとに整理．

いる．もちろん，これらをうまく克服することによって同族企業の経営を継続させることが可能であるという．

上記 Jaffe 氏の分析とともに表 3-2 は，一般的に見られる同族企業の優位性と脆弱性を示している．

同族経営に対する批判は一般的に以下の諸点に集中している．

(a) 企業は社会の公器で（特に上場企業はそうである），一族による所有権をもとにした経営支配は企業の本来あるべき姿に反する．情報公開も不十分になりがちで，同族以外の少数株主の声が上層に届きにくく，彼らに対する社会的責任が十分に果たされない．
(b) たとえ一部に専門経営者が雇用されていても，同族の独断的リーダーシップにより有能な専門経営者が抑圧される恐れがある．下部構成員は企業との一体感を欠き，忠誠心や責任感が生まれにくい．
(c) 事業継承が制度化されておらず，通常少数の候補補者のなかから選ばれるため，世代交代にあたっての圧力，緊張感が欠ける．

グローバル化の波，あらゆる業種への外資の参入に伴う競争の激化に対応すべく，経営システムの変革，専門経営管理職の採用が一層求められるとともに，情報開示も必要な時代を迎えた．同族経営がいつまでも従来型の経営にとどまれなくなることはいうまでもない．

6. 事業継承の現状と課題

(1) 事業継承の成否と一部事例が示唆する意義

将来の経営者候補選定方法は，企業統治構造の重要な一部をなしているが，教科書的にいえば，専門知識・能力・キャリアの有無などを基準に，外部専門家の招聘か内部中間管理職からの昇任のいずれかで対処される．そこで，華人系資本の血縁者を中心とする縁戚色の強い人事が批判の矢面に立たされやすい．成功した華人系財閥，企業集団の大半は戦後，居住国が宗主国から独立すると同時に事業を軌道に乗せ，工業化が本格的に始まった 70〜80 年

代に急成長を遂げたのである．創業者または創業時を知る経営者の教育水準は低く，多大なビジネスチャンスを経験と勘と華人社会の相互扶助によってつかみ，事業を成功に導いてきた．事業規模が大きくなっても同族経営を維持してきたが，果たして経営権は後継者に成功裏に引き継がせることができるかに，広く関心が集まっている．伝統産業に傾く東南アジア華人系資本のみならず，香港・台湾系資本も依然として幅広く「家業」，「同族」色の強い事業経営と継承形態をとっている．中小資本は無論のこと，企業集団に成長した財閥系資本も実効的経営支配が可能な一族への所有権の集中保有をもとに，オーナー経営者が事業を直接に運営してきている．世代交代にあたっては，初期移民の場合，すでに数世代にわたる同族による事業継承が遂行されており，終戦前後に創設された企業の多くは80年代以後集中的に世代交代の時期を迎え，様々なドラマが繰り広げられてきた．次世代の経営者候補として子弟，親族を育て，事業継承を無事に成し遂げ，企業もしくはグループをさらに発展させたケースが多々ある反面，期待を裏切った象徴的な失敗事例も見られる．

　前述のように，根強い同族志向は秩序，血縁，中庸を重んじる儒教的価値観から解釈できるが（韓国の財閥系企業と相通じる），海外華人についてはこれらに加えてその不安定な環境が，身内しか信用せず保守的だが，状況に応じて対応策を柔軟に変える姿勢をとらせつづけてきた要因との解釈もできる．逆に，IT産業に属する華人系資本については，今後このような視点で説明できるかは定かではない．シリコンバレーにある華人系企業は創業してからの歴史が浅く，創業者たちがオーナー経営者として現役の経営に従事しているケースが多く，夫婦や兄弟だけによる小規模事業の例もよく見られる．

　ACER社のような中小ベンチャー企業から出発して大手情報機器メーカーに成長したケースでは，創業者が現役のトップを務めており，大株主でもあるが，事業の性質から能力より血縁のみで後継者を決定するとは考えにくく，彼ら自身も口癖のように同族経営スタイルを批判している．欧米留学や多国籍企業勤務の経験が彼らの価値観の変化を引き起こしているとも解釈で

きるが，前述した伝統産業または旧財閥系資本の経営権を引き継いだ創業者の子弟たちも同様に欧米留学組であり，独立の道を選ばず，堅実に企業経営を遂行しているケースが少なくなく，これだけでは説得力に欠けるように思われる[20]．

　以下において，90年代以後，同族経営の華人企業が世代交代という重大な課題に直面した時に生じたいくつかの意味深い出来事を紹介する．

　華人の億万長者と公認されている香港長江実業のオーナー経営者李嘉誠は，能力主義に基づく人事制度を採り，経営権を必ずしも息子に委譲するわけではないと公言してきた．78年に香港史上初の華人系資本による英国系企業の買収でハチソン・ワンポア社を傘下に治め，世間を沸かせた．社長以下の重要なポストに英国系管理者を登用もしくは留任することで切り抜け，拡大する一方の欧州業務の責任者にも西洋人をあてていることが，華人実業家の経営様式の転換を象徴する事例として注目を集めてきた．91年以降，20代の2人の息子を相次いでグループの重要ポストに就かせ，これと相前後して李氏の腹心といわれ，中核会社のハチソン・ワンポアの社長を務めてきた英国人（Murray Simon）が辞職したことで，同族経営にありがちな同族メンバーと専門経営者との確執の現れではないか，と長江グループの経済界における存在の大きさから広く関心を持たれた．李氏の2人の息子は共に米国スタンフォード大学工学系出身で，幼い頃から父親にビジネスの真髄を教わってきたこと（小学生時代から取締役会議を傍聴させた）を考えれば，一種の専門経営者と見なすこともできるが，経営実務に携わらせながら昇進の階段を上らせるのではなく，入社後ただちに役員ポストに就かせるやり方はやはり絶対的所有に基づく経営支配を維持している華人同族経営の共通性を示すものである．この現象は同社に限った事例ではなく広く見られる．長男のビクター・リーがグループのカナダ事業統括責任者から持株本社長江実業の社長に昇進済みであり，グループを正式に継承するのは時間の問題と見られている．次男リチャード・リーは中核会社のハチソン・ワンポアの取締役を辞任した後，パシフィック・センチュリー社を創設し，不動産から情報通信事

業，保険などからなる独立した事業グループを育てあげた．グループ創業者の李嘉誠は現役会長として旺盛な企業家精神を発揮させているが，完全に引退した後どう影響が出るか，つまり将来両グループの関係はどうなっていくか，次男が継承にどうかかわるかは，注目に値する良い事例である．

　また，事業継承の失敗例としては，アメリカの大手コンピューター会社のワン・ラボラトリーズの倒産事件が象徴的である．ワード・プロセッサーの発明で事業に成功したアン・ワン（An Wang，王安）はパソコン時代の到来を見通せず，IBMとの競争に負けた．独占的所有権，同族経営に固執してきた彼は，86年に長男フレッド・ワン（Fred Wang，王列）にCEOのポストを委譲したが，2代目が同社を支えてきた3人の天才的エンジニアをまとめきれず，相次ぎ辞職された結果，会社の業績が著しく悪化した．わずか在任3年で赤字が続き，株価が90％も下落した責任を追及され，アン・ワンはフレッドを首にし，自ら最高経営責任者として復帰したが，遅きに失して倒産に追い込まれた．この子弟への事業継承をめぐって，周りの反対の声，忠告や進言を聞き入れないアン・ワンは，自分の手で育て上げたグループ事業の支配権を絶対外部に渡さず，息子が経営能力を有することを証明してみせたいと宣言しての継承劇であった．

　このケースは，伝統的価値観を事業経営に持ちこんだ創業者の実践がアジアでは一般的に通用するが，まったく異文化であるアメリカではアメリカ人管理スタッフの反感を買ったために管理機能の麻痺をもたらし，グループ崩壊に発展した典型的な事例である．

　トヨタ自動車との提携でよく知られているインドネシアのアストラ・グループのスマ銀行倒産事件も大きな反響を呼んだ．同族事業の経営維持・継承失敗の好例である．インドネシア第2の大財閥経営者である両親の溺愛を一身に受けて育った長男が，グループ内で金融業（スマ銀行）を経営しながら，M&A手法でなじみのないホテル等の事業に乗り出した．その後乱脈経営で本業の不良債権を大量に発生させたため免許停止に追い込まれ，救済に乗り出した親会社の経営危機にまで発展した．いずれも華人系企業の一族支配，

血縁をベースにしたネットワーク重視の弱い一面を露呈したことで，類似の経営環境，経営体質を有する他の華人系企業に警鐘を鳴らしたのである．

家産相続について中国の諺に「家産の伝承は3世代を超えられず」，「創業易し，守成難し」とあり，海外華人社会にも当てはまるものとして広く語られてきている．管理近代化の社会を迎えて，人間関係中心の同族経営が引き続き効果を有するか，所有と経営の分離を促し，家族メンバーを経営層から排除することが事業の繁栄を持続させる唯一の道なのか，は経営当事者だけでなく，研究者にとっても興味深いテーマである．華人が生まれた背景，彼らとその事業がおかれた環境や自らの体験，二，三世に対して施してきた教育，植えつけた価値観は必ずしも一様ではない．一口に華人といっても（儒教倫理，道徳観という大枠下にあっても），移住先の異なる社会制度の影響を受けることによって「華人文化」も一定の変容を有するものである．ヒアリングでは，異なる管理方式を採用しながらいずれも成功したケースや，成功者と同じ手法で失敗したケースに出会うことがあるからである．

子弟に対する教育重視，将来における事業継承に備えての投資を惜しまないことが共通に見られる．世代交代時の「有能な人材を抜擢する」という宣言は，有能と認められる子弟を当然最有力候補として選択肢に含めた発言である．有能であるとの前提を立てること，有能と認められるように帝王学を伝授すること，有能無能の判断も創業者の専権事項とされる可能性が強いことから，同族グループの維持が理論上可能となる．資質を有しない子弟も当然いる可能性はあり，前述のような事業継承失敗の事例が起こるわけである．

(2) 台湾企業における後継経営者の実態調査

伝統的中国文化が根強い台湾ビジネス社会では，世代交代が急ピッチで進んでおり，後継者の経営業績を判断材料に同族企業の事業継承の成否を論ずる経済専門誌の記事が増え，この問題に対する社会の関心の高さの一端をうかがうことができる．ここでは『商業週刊』1999年1月4日号の特集記事「企業第二代経営成果大調査」の結果を紹介しながら，台湾系同族企業の事

表3-3　事業継承後の2代目経営者に対する印象

	とても良い	良い	普通（どちらとも言えない）	悪い	とても悪い
2代目の経営業績	1.9	40.4	44.3	11.5	1.9
2代目の全体印象	1.9	28.8	51.9	17.4	0

同族への事業継承に賛成するか

項　目	回答率
特に優秀でなければ，避けるべき	71.1%
賛成	13.5%
賛成しない	7.7%
わからない	7.7%

所有と経営の分離を進め，専門経営者に経営を任せるべきか

項　目	回答率
より良い	78.9%
わからない	9.6%
大差はない	7.7%
わからない	3.8%

出所：『商業週刊』（台湾）1999年1月4日号．

業継承に対する一部の認識を確かめてみる．

　同調査は，知名度の高い大手同族企業に関して豊富な調査分析の実績を有する28の投資信託会社社長，24の投資コンサルタント会社社長，主要経済専門誌の勤続10年以上の財経担当または業界団体担当記者30人に対して行われた（回収率63%）．

　企業集団のトップか中核会社社長ポストを引き継いだ2代目に関して，経営業績指標，イメージ，独創性，後継者が犯しがちな過ち（弱点），継承後事業のボトルネックなどの項目を立て，総合評価が試みられた．裕竜集団の厳凱泰，遠東集団の徐旭東，聯華神通集団の苗豊強，太電集団の孫道存，霖園集団の蔡宏図は経営業績でトップ5を占め，イメージ，独創性でも霖園を

表3-4 専門家による2代目経営の限界とマイナス評価（複数回答）

犯しがちな過ち	%	継承後のボトルネック	%
金融操作の選好	75	企業経営構造転換の課題	76.9
表面的な業績の追求	51.9	旧役員の処置	34.6
危機意識の欠如	46.2	兄弟間の経営理念の不一致	30.8
私生活のスキャンダル	40.4	その他	17.3
経験不足	40.4	前経営者からの授権不足	15.4
敬業精神の欠如	40.4		
専門管理職の軽視	34.6		
社会的責任感の欠如	17.3		
その他	9.6		

出所：表3-3に同じ．

除く4社ともトップ10の上位に食いこみ，高い評価を得た．売上や利益指標で良い実績を挙げているほか，多角化や経営構造転換での成功が注目を集めた．裕竜集団の厳凱泰は専門管理職への権限委譲，良好なチームワークによる管理効率の向上を実現したこと，遠東集団の徐旭東は伝統産業の紡織，セメントから電信，ホテル，情報技術業種へ参入したこと，聯華神通集団の苗豊強は石油化学産業に情報通信を加えたこと，太電集団の孫道存は携帯電話分野の開拓で，それぞれの実績が評価された．他方，投機，平凡な業績，スキャンダル等でつまづき，マイナス評価を受けた2代目には力覇集団の王令麟，東隆五金の範芳魁，範芳源，台鳳の黄宗宏，台湾プラスチックの王文洋などが挙げられている．

2代目経営について，全体的に「特に悪い」という評価は少なく，「普通」が最も多い．前任社長が残した顕著な業績を追いぬき，成長をキープするため後継者のさらなる努力を期待する声が内外にある．事業継承者の候補選択肢として2代目が特に優秀でなければ，同族継承を避けるべきとの意見が71.1％，所有と経営の分離，専門経営者に任せたほうが良いとの回答が78.9％を占めたことから，同族企業における伝統的事業継承のあり方が専門家から疑問を持たれていることがうかがえる（表3-3参照）．

二世経営者が犯しがちな誤りとして「金融操作の選好」が高いウエイトを

占めている．これは，2代目が米国留学でMBAコースの専門教育を受けてきた経験から，金融証券市場での投資・投機を財務管理の一環として好んで遂行していることを示している．アンケートの有効回答数の約60％が投資信託と投資顧問会社の経営者によって占められていることから，高い信憑性を有するとともに，問題が深刻であることがうかがえる．表面的な業績の追求，危機意識の欠如，私生活のスキャンダル，経験不足，敬業精神の欠如などの指摘は創業者と比べて裕福な経営条件に恵まれ，常に前代経営者の実績が鏡となると同時に，影にもなって付きまとっていることの表れでもある（前章における企業家精神衰退の要因として指摘される側面）．継承後直面する事業経営のボトルネックとして挙げられた旧役員の扱い方の難しさは中国伝統社会，儒教的価値観による束縛の表れである．兄弟間の経営理念の不一致は韓国企業，海外華人系企業にも見られるが，台湾では創業者の数度の結婚や妾の存在（東南アジアの一部の国における一夫多妻制の存在と同様に）による異母兄弟同士のメンツをかけた主導権争いの側面があるとの指摘があるように，特異な一面も考えられよう．

むすび

企業統治構造は各国の政治，社会風土，歴史の影響を受けて形成され，長所と短所を併せ持つもので，それぞれの特質を有しながら，共通点もある．有能な専門経営陣であれば経営効率の追求に好都合であるが，その裁量権の増大に伴い，監督機能の弱体化が見受けられ，理想と現実のギャップを埋めるべく，株主主権の強化を内容とする企業統治構造の再構築が議論されてきた．社会的・公的存在である株式会社の利害関係者は株主だけではなく，従業員，消費者，債権者，政府など幅広い範囲に及ぶものの，議論が十分に深められていない．また検証されているいくつかの企業統治パターンはそのまま固定されたものではなく，時代とともに企業が活動する経済・社会環境の変化に対応して変化しうるものである．

華人系企業の統治構造は華人を中心とする国民国家の視点から議論できない．無論，その立地国（居住国）の政治，社会，法体制によって規定され，影響を受けることは言うまでもないが，広く分散する少数の移民集団が創業し，経営支配してきており，移民経済特有の色彩を帯びている．規模にとらわれず中小資本でも財閥でも錯綜したビジネスネットワークを媒介に取引が国境を越える様相を見せ，長い間，同族中心の経営文化に固執してきた．

　所有と経営の未分離，オーナー経営者または同族による経営支配は資本家資本主義の原型を保っており，さらに保守的財務戦略が採られている．東南アジア諸国にあるように民間資本に占めるウエイトが高く，傘下企業を上場させるケースが増えるなか，それでも強い同族支配を保持してきている．儒教文化の現実主義的価値観の影響とともに，移民であるがゆえの不安定な生活環境，立場によって強められた側面も否定できない．

　個人事業はともかく，一定規模以上の株式会社が同族によって統治されることは社会的公平性に背くとの批判が存在する一方，先進各国も含めて同族経営（同族企業）が最も根強く，普遍的パターンであるという現実も無視できない．同族経営の優位性・脆弱性が一部研究によって整理されてきている．

　家族を中心に創業し，経営した結果，居住国における高度経済成長のもとで大きな発展を遂げたケースが多く，欧米の巨大多国籍企業と比べて創業の歴史が短いか，同族内での事業継承の歴史も短い（多くは2代目，3代目への継承がまだ数少ない）ため，同族経営をめぐって結論を下すのは時期尚早との指摘もある．しかし移民経済の特殊性や家族中心主義の文化が根強いこと，事業継承のため子弟の専門教育に力を入れ，相続に備える努力も広く見られる．シンガポールでは，政府が同族企業経営にありがちな限界を認識し，経営制度化の促進，上場への努力を呼びかけている（先般の現地調査で中堅企業200社の指定，経営構造転換の実験が確認でき，うち1社にヒアリングした）．

　「同族経営」の変化を予測しているドラッカーは「日本企業の成功は近代企業を家族的に経営する能力のおかげであると言われている．しかし，海外

中国人の成功は家族を近代企業的に使う能力のおかげである」と指摘し，意味深い[21]．欧米の同族企業の盛衰を分析した彼は，①後継者に能力があること，②それでもトップマネジメント・グループや専門のポストに一族外の専門家を雇い入れること，③適切な仲裁者を外部に用意すること，をルールとして守ってはじめて同族企業は生命力を有するとの認識を示している．巨大企業における専門経営者の背任行為の続発，組織の官僚化・制度の硬直化の進行，企業家精神の喪失に鑑み，同族企業経営が様々な問題点を抱えていながら，所有と経営の一致がオーナー経営者と企業との間に深い利害関係にあるため，長期的視点に立った経営戦略立案，深いコミットメント，企業家精神の発揮につながりやすいという意味で，同族経営の再評価の動きがあるのも見逃せない．

注
1) バーリ＆ミンズは30年代初頭，米国の代表的大企業200社についてその株式所有の分散状況を調査した．個人または同族所有（所有シェア80％超），多数所有（同50％超），少数所有の3つに分けたところ，前二者のウエイトが明白に低下し，少数所有が普遍的に見られることから，現代株式会社の支配権は専門経営者に帰したと結論づけた．いわゆる「経営者革命」の登場である．このような論調に対して，所有の分散度が高まれば，支配に必要な所有シェアが低くて可能となること，また経営者が資本の機能の代行者であるとの視点から反論がなされてきた．
　ジョン・スコットは所有権の分散，すなわちどの株主も個別的に過半数支配ないし少数支配を行使できないような企業の状況を説明するため「利益星座状関連を通じた支配」（競争し合う資本家的利害の多様な星座状連関，どの資本家的利害の安定的な連合も十全なる支配の権能を行使できない状態）という概念を用いた．また，バーリ＆ミンズ以後の所有と経営「支配」をめぐる用語の混乱を指摘し，所有権に基づく株主総会における優位の保持によって取締役会の構成を決定する能力（企業の業務執行役員による会社戦略の形成・実行に制約を課すことができる力）を持つことを「支配」（control）とすれば，経営意思決定に実際に関与することによって会社戦略を形成し，戦略的管理の権能を行使することを「統治」（rule）とする概念を当てはめている．支配と統治の分離の程度は多様であるが，統治グループの構成は常に支配状況によって制約され，両者の間に大きな亀裂が生じることがあるとしても，「支配者」は支配を効果的に放棄しているわけではなく，法的機関を通じて自らの権能を再び奪還しようととすればいつでもできる，

と主張している．A. Berle and G.C. Means, *The Mordern Corporation and Private Property*, Macmillan, 1932（北島忠男訳『近代株式会社と私有財産』文雅堂銀行研究社，1958年）．ジョン・スコット・仲田正機・長谷川治清『企業と管理の国際比較』中央経済社，1993年を参照．

2) こうした議論展開の背景について，英エコノミスト誌のマシュー・ビショップの調査報告が詳しい．「コーポレート・ガバナンス（企業統治）―経営者を見張れ」『GLOBAL BUSINESS』，1994年5月15日号，28-51ページ（原典："a survey of corporate governance: watching the boss", Jan. 29, 1994).

3) 日本において株式会社支配論に関する研究成果は多数あるが，「企業統治」の比較研究成果として前掲注1の文献のほかに以下の文献が優れている．深尾光洋・森田泰子『企業ガバナンス構造の国際比較』日本経済新聞社，1997年．

4) 前掲エコノミスト調査報告は二分法をとり，市場メカニズムによる牽制については次の論文が詳しい．徐治文「コーポレート・ガバナンスにおける会社法の役割」『九大法学』第68号，1994年9月，109-145ページ．

5) 金融機関，特に銀行の企業統治への参加をめぐる米国とドイツ，日本との間に存在する大きな相違，その形成原因について，米国に根強く残っている様々な法規制の結果とする指摘がある．Mark. J. Roe, *Strong Managers, Weak Owners*, Princeton University Press, 1994.

6) 政府与党自民党が修正案を提示し，経済同友会も企業統治のあり方に関する報告書を出した．日本型企業統治の課題について次の対談資料が面白い示唆を与えている．「日本の企業システムは変わるか―岩井克人，奥村宏，上村達男対談」『企業会計』Vol. 50, No. 11, 1998年．「特集・コーポレート・ガバナンス改革の多角的検討」『企業会計』Vol. 50, No. 4, 1998年．

7) Chan Kwok Bun, Claire Chiang See Ngon, *Stepping Out*, Simon & Schuster International Group, 1994.

8) 日本税理士協会編『同族会社』（第2版）中央経済社，1998年．

9) Zeitlin, M, "Corporate Ownership and Control", *American Journal of Sociology*, 1976, pp. 1073-1119. Donckels, R, and E. Frohlich, "Are Family Business really Different? European Experiences from Stratos", *Family Business Review*, Summer, 1991, pp. 149-160.

10) 黄光国『儒家思想与東亜現代化』巨流図書出版公司，1988年．潘翎編『海外華人百科全書』三聯書店有限公司（香港），1999年．

11) 著名な歴史家，華人研究家である王賡武教授は，華人のアイデンティティの維持，同族事業形態の保持に中華文化が果たした役割を高く評価しながら，過去数十年間，現代社会のニーズに合わせて自らのビジネス技法を調整させ，多様で不安定な環境のなかで独特の文化戦略を構築してきたと主張している．王賡武『華人企業家与文化戦略』第二次世界華商大会での講演原稿．劉宏編『Wang Gun Wu 言論集』八方文化企業公司，2000年．

12) 前掲，黄光国，41-46ページ．李穎科『儒学与中国人』陝西師範大学出版社，1989年．
13) 王賡武『中国与海外華人』香港商務印書館，1994年．前掲，潘翎．
14) 韓国の企業経営における儒教の影響については次の文献が詳しい．服部民夫『韓国の経営発展』文真堂，1989年．韓義泳『韓国企業経営の実態』東洋経済新報社，1988年．
15) 陳舜臣・堺屋太一・後藤光男ほか『後継者の条件』プレジデント社，1995年．
16) 「良い世襲，悪い世襲―トップが語る同族経営の論理」『日系ビジネス』1997年9月15日号，36-41ページ．「二世経営者の功罪」，「世襲批判を跳ね返す若き七人の侍」『Forbes日本版』1999年8月号，166-175ページ．上野恭祐・吉村典久・加護野忠男「日本における企業ガバナンス」『国民経済雑誌』第180巻第1号，1999年．
17) Dennies T. Jaffe, *Working with the Ones You Love : Strategies for A Successful Family Business*, Conari Press, 1991（周栄輝訳『家族企業』商業週刊文化事業股分有限公司（台湾），1995年）．同族企業が抱えるジレンマに関する類似の指摘は次の文献にも見られる．Manfred Kets De Vries, *Family Business-Human Dilemmas in the Family Firm,* International Thomson Business Press, 1996.
18) Dennies T. Jaffe, *ibid.* pp. 74-82.
19) Dennies T. Jaffe, *ibid.* pp. 51-53.
20) これについては，次の文献が価値のあるデータを提供している．「特集・企業第二代接班経営成果大調査」『商業週刊』（台湾）1999年1月4日．「富過三代的挑戦」『People台湾版』1993年12月1日．
21) P.F. Drucker, *Managing in a Time of Great Change*, Truman Talley Books, 1995（上田惇生訳『未来への決断』ダイヤモンド社，1995年，231ページ）．

第4章
華人系資本の財務構造

1. 問題提起

　華人研究は統計の不備のためその移民史,社会にテーマが限定されがちである.同様の理由で,またさらに複雑な要因が華人系資本に対する経営構造分析を困難にしている.華人系企業経営をめぐる(またはそのバックグラウンドをなす)華人経済全体の状況がつかみにくいことや,主要居住国の政策的制限,制度的欠陥によりその存在,事業展開が灰色にされがちで,華人系経営者たちがアンケート調査にもインタビューにも極めて消極的(閉鎖的)な対応しかみせないこと,上場には必ずしも積極的ではない(上場企業でも歴史がまだ浅い)ため,経営研究者の対象にはなりにくかったことが実情である.億万長者に関する「英雄伝(成功物語)」,ビジネスマン向けの「華僑商法」のような読み物が散発的に見られても,経営学の視点からの特に財務分析を踏まえた研究成果はいまだ生まれていない.

　本章のテーマをあえて華人系資本の財務構造にしているのは,一部手がかりになる資料を利用して今後の分析の道筋を整理しておこうという思惑からである.その手がかりとは,台湾の産業別企業ランキングや東アジア・香港現地誌による上場華人系企業上位500社のランキングデータが利用可能になったことである.しかし,必要最小限の財務データが盛り込まれているにすぎず,また居住各国の財務会計制度の相違による整合性または比較可能性に関してなんら注釈,解説をしていないため,比較分析にかなりの注意を払わ

ざるを得なくなる．

*Fortune*誌，*Forbes*誌，*Business Week*誌等は世界のビッグビジネス（巨大企業）の主要財務指標を長い間公表してきており，企業比較研究の手がかりを与え，国際経営研究の分野でも広く利用されているように，華人系企業に対して類似の分析を試みることができる．上記諸誌における既存の企業ランキング指標は規模ベースのものに偏っており（総売上基準は，特定産業分野における大企業の経済，社会的貢献度，存在度を示し，発行株式時価総額基準は，企業の市場価値に対する認識に役立つが），財務構造の健全性，経営の効率性を示す指標を重要視していない．華人系資本が集中する地域の代表的企業がリストアップされ，これら企業の公表された主要財務データを手がかりに不足する財務資料を補えば，こちらの視点に引き寄せて経営分析を試みることが可能である．

本章ではまず重要な財務指標として財務構造の健全性（安全性）を示す自己資本比率，資本の効率性を示す収益性指標を用い，華人系経営構造の一面をクローズアップさせたい．焦点は台湾系資本や一部の大手華人系に絞られるため，華人，華人系資本の多様性に鑑み，一般化することはできないが，アプローチの一視点を提供する意味で意義のあることと確信している．

2. 資金調達

(1) 華人系資本の伝統的資金調達

海外華人系企業は，創業初期において商業・社会的信用がないため，華人社会内の私的金融互助システムを利用して事業資金を調達するのが一般的であった．代表的な調達源の1つとして，長い間「無尽講」が用いられてきた．これは参加者が同額の資金を拠出して基金を作り，自分が支払いうる利息（利子率）をオファーする競争入札形式により，最も高い利息を出した参加者にこの資金の優先使用権が与えられるシステムである．落札者は他のメンバーにオファー利息を支払ってから，残金を独占使用する権利を入手する

(もちろん変形はある).知人に借金したり,知人の担保で第三者から借金する方法はもう1つの調達手段であり,個人対個人の信頼関係がすべてである.企業規模が大きくなり,自己資金が足りず,所要資金が増大した場合,銀行など信用機関に融資依頼が必要となるが,所属団体(宗親会・同郷会等)が担保するケースもよくある.筆者がサンフランシスコのチャイナタウンでヒアリングした銀行では,このような形の融資をよく行っているという[1].一般的に各種社団組織はみな自分の不動産を所有しており,信用担保価値が高い.一部,社会団体自体が会員に資金を融通するケースも見られる.

一定規模以上に成長し,社会的信用を得た企業は通常の金融機関を利用できるようになるが,それでも自己資金中心の経営を善とする保守的な姿勢をとる企業が多い.オーナー経営者同士が相互融資する,または共同投資するケースもよくある.

大手の華人系財閥企業になると,多種多様なルートを通じて資金調達している.海外事業の統括本部として香港に現地法人を設置するケースが一般的で,それが持株会社として資金調達,投資意思決定機能を担う.資金調達様式は銀行ローン,エクイティファイナンス,場合によっては株式上場も含まれる.傘下に金融系子会社を従える財閥系も増え,国際的視野をもってビジネスを展開するにあたって,外部資金を積極的に運用する華人系企業が増えている.華人系資本による大規模プロジェクトに関連して,シンジケートローン,エクイティローンを組むのに日系金融機関がかかわるケースも少なくない[2].

(2) 台湾系中小企業の資金調達源

1997年7月以降のアジア金融危機では,台湾経済はシンガポール同様,大きな影響を受けなかった.経済成長率は低下したが,毎年4%強をキープしてきており,東アジア域内では相当良いパフォーマンスである.一時的な株価乱高下や一部の土木・建設企業,中堅金融機関の倒産が発生したほかは,総じて安定経営を維持できた(同じ台湾企業でも,政治家を仲介者にした政

府系金融機関からの過剰融資,無謀な財テクに走った大企業や,長期景気低迷の影響を被りつづけた建設業を傘下にもつ企業集団の手形不渡り,会社更生法適用事件は99年末現在10件ほど発生した)[3]．投資環境が激変するなか,情報通信産業が牽引する形で経済の構造転換に成功したと内外ともに認識された背景には,バブル崩壊を経験した（一部では現在も進行中の）日本,韓国およびタイの企業群との財務体質の相違が存在すると考えられる．

　台湾経済部統計課の調査が示すように,今でも台湾社会では前述の私的資金融通手段が用いられている．金融危機発生後,台湾では金融機関による融資審査が一層厳しくなり,アンフォーマルな資金調達ルートはもともと中小零細の企業主に用いられてきたが,以前よりも使われるようになっている．

　いわゆる「無尽講」のような伝統的で,アンフォーマルな（あるいはアンダー・グラウンドの）相互融通制度が存在するのは,正規のまたは公的金融機関が十分に機能していないところに原因がある．こうした形の私的資金融通は金融機関と補完関係にあり,中小企業や創業したばかりの企業がマクロ経済環境の変化への適応支援に一定の役割を果たしていると評価される．表4-1と4-2は,韓国と台湾における中小企業の資金調達先に関する一部調査の結果を示している．調査手法の相違,サンプル数の違いなどによるバイアスの存在が考えられるが,両国社会における企業資本調達構造の相違点の一

表4-1　韓国における中小製造業の借入金の調達先（1996年）
（単位：10億ウォン,％）

	金額	ウエイト
銀　　　　行	32,024	79.0
銀行外金融機関	4,825	11.9
会　　社　　債	2,733	6.7
私　　　　債	619	1.5
そ　の　他	360	0.9
合　　　　計	40,561	100.0

出所：(財)中小企業総合研究機構『アジア中小企業の現状に関する調査研究（韓国編）』1998年度版,52-53ページ．
原資料：『国民銀行中小企業金融実態調査』1997年度版．

表4-2 台湾における製造業企業の資金調達源
(1997年)

(単位:%)

	合計値	大企業	中企業	小企業
民族系銀行からの借入	80.3	82.7	83.8	78.9
株式増発による増資	52.2	64.8	62.8	46.1
利潤留保・積立金	36.4	50.4	47.8	29.7
親族・友人からの借入	21.2	1.2	6.9	30.4
民間の無尽講	16.5	0.3	1.6	24.6
手形など	9.7	25.1	16.6	3.2
外資系銀行からの借入	7.2	17.9	9.7	3.2
信組・農漁協系からの借入	5.0	0.6	1.6	7.1
会社債の発行	3.8	11.6	3.8	1.1
その他	4.5	4.2	3.8	4.7

注:企業規模の区分は従業員数を基準としており,大企業は従業員200人以上,中企業は100以上200人未満,小企業は100人未満となっている.
出所:経済部『中華民国中小企業白書』1998年版.
原資料:経済部統計課『中華民国台湾地区製造業国内投資意向調査報告書』1998年1月.

部がうかがえる.韓国の企業は,銀行を中心とする金融機関に対する依存が強く,他の借入チャンネルがないに等しいのに対して,台湾系企業の場合,一定の選択の幅が存在しており,特に小規模企業では個人的交友関係や無尽講による調達が一般的に定着している.国民総生産の3割相当[4]といわれる地下経済(公式な経済統計のないビジネス)の世界では,私金融がさらに幅を利かせている.

3. 安全性分析

(1) 自己資本の性質

株式会社にあっては,自己資本は出資者である株主が投入した資本額とそれによって生み出された実現利益額から構成されるが,会計的に言えば,貸借対照表上の資産総額から負債総額すなわち他人資本を差し引いた純資産額であり,会社の正味価値を意味するものである.会社の設立時に,自己資本

は資本金だけとなることが一般的であるが，毎期継続して経営活動を遂行する過程において利益が生じ，その一部が配当に回される．残余分は会社の拡大再生産のために内部に保留され，再投資に投下される．会社の経営活動についての管理権限が法制度上株主に帰属するものと保障されていれば，企業の究極的な所有支配の主体は株主である．

　したがって，自己資本中心の経営により会社の対外依存を減らし，安定（安全）性を高めることができる．企業が新規事業に参入して成長する段階においては資金需要が旺盛で，それを賄うために将来の収益性と成長性を見込んだ株式時価発行による増資が行われる．配当も抑えられ，留保された利益を内部資金として再投資に回す手段がとられる．配当を行わず，会社の株式の分割のみで利益還元しているような企業もある．成長企業であれば，株価の上昇が十分に期待され，株主も満足するものである（かつてのマイクロソフト，最近まで高成長を遂げてきた多くの電子情報通信企業がこのような方式を採っている）．このような財務戦略は台湾のベンチャー企業にも，成長段階にある海外華人企業にも広く見られる．自己資本比率（自己資本対総資産比），負債比率（総負債対総資産比）が企業の財務構造の健全性を測る指標として一般的に用いられる．

　これと関連して，自己資本比率の逆数つまり財務レバレッジと称される総資本（または総資産）対自己資本比という指標を用いて，株主資本の運用効率を測る分析視点がある．この指標は，企業が株主の投資額1単位当たり，何倍の資産を配置できるかを示すもので，積極的に財務管理指標として経営者にも用いられる．つまり銀行からの借入れ，買掛金，見越負債，繰延税金などの負債を創出・活用することによって，自己資本を補強することができ，負債コストがこれら負債による投資の稼得利益を下回れば，財務レバレッジによって自己資本利益率を押し下げることができる．負債の増大が利子，元金返済などの支払い義務の増大を伴うため，財務レバレッジの過度な利用が投資リスクを上昇させてしまうことは前述したとおりである．財務レバレッジから生じるリスクを評価する指標として流動比率，当座比率等が用いられ

る[5]．

　好景気が持続していれば，他人資本依存型企業は外部借入による事業規模の拡大が容易であるが，自己資本中心の経営では成長が束縛されるという制約を受ける．ただし，景気低迷の時期に突入し，経済が停滞状態にあった場合，自己資本中心の経営では負債による利子負担が軽く安全性が高いが，他人資本依存型で事業資本の拡大をひたすら追求してきた企業となると，極めて高いリスクを負うことになる．

(2) 資本構成にみる保守的財務体質——台湾と韓国を比較して

　経営指標の比較から，韓国と台湾企業の財務体質の相違を確認することができる．80年代初頭から90年代初頭にかけての両者を比較すると，韓国企業の自己資本比率の低下，負債比率の上昇は見られるが，台湾系企業については逆の傾向，つまり自己資本比率の向上，負債率の低下が確認されている[6]．この借金体質の構造的改善が見られないまま，今度のバブル崩壊，金融危機の発生につながったことがうかがえる．1988年のIMF 8条国への移行，90年のGATT 18条規定の受け入れに伴う為替・貿易自由化の進展が韓国企業に従来型の経営見直しを迫ったが，財閥同士の競争意識が相変わらずワンセット主義的な事業多角化を強行させ，総合金融会社を経由した海外からの短期資金を長期設備投資へ継続的に転用したため，財務構造の一層の悪化を生んだ．

　表4-3は台湾における製造業上位1,000社の過去4年の主要財務データを示している．金融危機の影響で98年の利益指標が悪化したが，99年には回復を見せている．総売上，総資産，従業員生産性，従業員資本装備率などの諸指標は堅調に推移しており，金融危機の影が薄くなったことがうかがえる．過去のランキング指標も含めて，自己資本比率の対指標（対概念）である負債比率は40%台を維持している．

　表4-4，4-5より99年の電子情報メーカー上位20社，および半導体関係企業上位20社のそれぞれの平均負債比率は43.43%と38.33%で，極めて安

全性の高い財務構造を維持していることがうかがえる[7]。負債比率の低さ，すなわち高い自己資本比率を維持している理由としては株式増発による資本調達が一般的に考えられるが，台湾系電子情報産業の場合，新規株式発行による増資が少なく，継続的利益留保による株主資本の拡張に負う側面が大きい[8]。金融危機の発生により，負債比率が高い韓国系ライバル企業が相次いで経営危機を迎えるなか，財務体質が比較的健全な台湾のこれら電子情報通信企業がITブームの米，日からのOEM等を勝ち取り，逆に成長を遂げることができたのである（もちろん財務体質とともに，品質，納期，価格等の諸側面においてもコア・コンピタンスを確立することができたことは主要因

表4-3 台湾製造業上位1,000社の主要経営指標の推移

指標名	1999年	1998年	1997年	1996年
総売上（億NTD）	55,725.38	51,482.65	47,622.86	42,675.94
総売上成長率（％）	8.24	8.10	11.55	3.06
売上純増企業社数	659	657	695	626
売上純減企業社数	335	327	236	345
総資産（億NTD）	83,526.45	72,692.13	67,571.24	56,507.83
（指標公開社数	968	959	955	957）
純利益（億NTD）	3,158.82	1,844.85	3,869.46	3,250.29
（指標公開社数	932	916	895	913）
総売上利益率（％）	6.26	4.03	9.07	8.04
総資本利益率（％）	3.82	2.56	5.82	5.83
自己資本利益率（％）	6.94	4.74	10.67	10.93
経営黒字社数	733	695	774	778
経営赤字社数	199	221	121	135
総負債比率（％）	44.91	45.86	45.50	46.7
総従業員数（万人）	73.85	72.87	72.58	68.63
（指標公開社数	997	996	993	985）
従業員生産性（1人当たり百万NTD）	7.54	7.06	6.54	6.19
従業員資本装備率（1人当たり百万NTD）	11.87	10.54	9.73	8.55

注1：各指標によってデータ公表社数が一致しない．
　2：負債比率については債務総資産比指標を用いている．その補数が自己資本比率となる．
出所：『商業週刊』（台湾），1999年5月31日，66ページ，同，2000年5月29日，74ページ．

表4-4 電子情報メーカー上位20社 （単位：百万NTD，％）

同業種順位		企業名	総売上				負債比率	
98年	99年		98年	総合順位	99年	総合順位	98年	99年
1	1	宏碁電脳	97,937	4	128,234	2	34	28
2	2	広達電脳	51,902	9	75,307	7	38	34
3	3	台湾フィリップス電子	49,968	11	69,717	9	—	—
4	4	英業達	46,165	12	63,780	10	48	51
5	5	大同	42,622	13	61,477	11	47	48
6	6	鴻海精密工業	38,284	15	51,813	12	48	31
7	8	仁宝電脳工業	36,978	16	47,018	15	20	25
8	13	神達電脳	36,799	17	30,260	31	44	42
9	*	モトローラ電子	35,749	20	31,351	28	30	19
10	7	華碩電脳	35,200	22	48,999	14	13	13
11	11	明碁電脳	33,432	24	37,902	23	40	33
12	10	華宇電脳	31,678	25	39,536	22	34	52
13	9	大衆電脳	30,267	28	46,479	17	57	59
14	16	致福	28,244	34	18,331	47	59	70
15	12	中華映管	24,743	36	36,089	25	34	38
16	14	環隆電気	19,827	41	28,906	34	58	57
17	18	誠洲	16,723	47	15,850	58	55	68
18	23	源興科技	16,178	49	14,221	66	59	53
19	37	中強電子	15,697	51	11,061	100	70	106
20	26	華通電脳	14,707	55	12,965	75	38	40

注：負債比率指標は表4-3に同じ．総合順位は製造業上位1000社におけるもの．
出所：『商業週刊』（台湾），1999年5月31日，同2000年5月29日のそれぞれの製造業1,000社ランキング資料より，筆者が作成した．

として考えられるが）．

　表4-6に台湾『商業週刊』によって発表された台湾サービス業上位500社の主要財務データ（表4-3と同じく，各主要財務指標ごとにデータを公表した会社の資料の合計額）を示す．総売上，総資産額は金融危機の発生にほとんどマイナス影響を受けることなく順調に伸びているが，純利益が98年に大幅減を記録している．財務構造の健全性を示す負債比率（ここでは総資産に対する総負債比）が製造業より高いものの，自己資本とほぼ1対1の安定値である（表4-14，4-15におけるアジア華人系上位企業の同指標も同じく参考になる）．

表 4-5　半導体関係企業上位 20 社　　　　（単位：百万 NTD，%）

同業種順位		企業名	総売上				負債比率	
98 年	99 年		98 年	総合順位	99 年	総合順位	98 年	99 年
1	1	台湾フィリップス電子	81,975	6	109,278	3	—	—
2	2	台積電	50,233	10	69,717	8	32	25
3	3	台湾 TI	34,860	23	43,444	19	45	51
4	4	台湾東芝電子	28,500	31	40,185	21	—	94
5	6	聯華電子	18,432	43	29,147	33	26	18
6	5	華邦電子	15,558	52	31,009	29	49	38
7	9	日月光半導体	13,961	58	17,499	51	39	40
8	7	台湾茂夕電子	12,620	66	19,835	45	50	42
9	10	旺宏電子	12,319	71	16,612	54	48	47
10	—	聯誠積体電路	11,976	74	—	—	40	—
11	11	世界先進積体電路	9,861	96	13,027	73	48	47
12	20	台湾通用器材	9,310	102	8,680	135	21	17
13	13	夕品精密工業	9,193	103	11,916	87	34	40
14	21	高雄電子	9,112	104	7,557	153	19	15
15	8	茂徳科技	8,502	112	18,248	48	56	37
16	18	華泰電子	8,316	116	9,694	120	40	44
17	16	力晶半導体	6,744	145	10,729	106	46	32
18	15	夕統科技	6,402	148	10,840	103	22	23
19	17	徳碁半導体	5,952	161	10,656	107	52	56
20	14	威盛電子	5,888	163	11,245	97	23	24

出所：表 4-4 に同じ．

　表 4-7 は香港・東南アジア地域の華人系銀行の総資産ランキングと自己資本比率（BIS 基準）を示している．東アジアの経済開発の進展とともに成長してきた華人系財閥は多数の金融機関を創立した．97 年 11 月現在，金融危機の影響が明るみに出たなかで華人系銀行の財務体質が注目を集めたわけであるが，ASEAN を本拠地とする華人系銀行はかろうじて国際金融業務遂行に必要とされる基準 8% をクリアしている．シンガポールと香港の華人系銀行は比較的健全な体質を有しているが，金融システムの崩壊による経済への波及効果，金融機関が果たす役割の大きさを考えれば，一層の体質改善が求められる[9]．

表 4-6 台湾サービス業上位 500 社の主要経営指標の推移

指 標 名	1999 年	1998 年	1997 年	1996 年
総売上（億 NTD）	31,255.62	29,384.60	27,128.32	23,077.53
総売上成長率（%）	6.37	8.32	17.71	0.08
売上純増企業社数	329	329	357	308
売上純減企業社数	166	151	94	170
総資産（億 NTD）	63,007.33	56,496.87	51,120.47	44,727.29
(指標公開数社	459	453	448	454.1)
純利益（億 NTD）	2,166.45	1,651.48	2,643.56	1,951.70
(指標公開社数	444	436	424	437)
総売上利益率（%）	7.67	6.31	11.25	9.56
総資本利益率（%）	3.44	2.96	5.10	4.39
自己資本利益率（%）	6.81	6.19	10.42	8.75
経営黒字社数	363	348	376	391
経営赤字社数	81	88	48	46
総負債比率（%）	49.33	52.32	51.08	49.92
総従業員数（万人）	40.69	42.17	42.08	35.91
(指標公開社数	496	494	493	485)
従業員生産性（1 人当たり百万 NTD）	7.65	6.94	6.39	6.25
従業員資本装備率（1人当たり百万 NTD）	16.97	14.78	14.60	13.58

注 1：各指標によってデータ公表社数が一致しない．
　2：総負債比率については債務総資産比指標を用いている．
出所：『商業週刊』（台湾），1999 年 5 月 31 日，66 ページ，同，2000 年 5 月 29 日，74 ページ．

　これに対して，日本の東証上場企業の平均自己資本比率はこの 10 年約 30% 前後，つまり負債比率が約 70% 前後で推移している．日本企業の財務構造が他人資本過度依存から自己資本比率向上改善への道を歩んでいることを示すものである．60 年代後半から第 1 次オイルショックまで高貯蓄率の下での金融機関から資金借入依存の時期，75 年から 84 年まで経済成長下での民間資本貯蓄増，資本市場の整備に伴う直接金融拡大の時期，さらに，85 年以降の好景気（いわゆるバブル期）に支えられた大量のエクイティファイナンス，株主資本への組み込みの時期の 3 段階に分かれる．表 4-9 は近年における日本の全産業および製造業・非製造業に分類した場合の自己資本比率のデータ（ここでは金融・証券系が除外されたデータを用いる）で，製造業

表4-7　香港・東南アジア地域の華人系銀行の総資産ランキングと自己資本比率

ランク	銀行名	国・地域	資産（百万ドル）	自己資本比率（％）
1	バンコク銀行	タイ	43,357	9.30
2	華僑銀行	シンガポール	36,808	11.80
3	大華銀行	シンガポール	32,724	10.07
4	泰華農民銀行	タイ	25,225	9.60
5	華聯銀行	シンガポール	23,969	9.50
6	東亜銀行	香港	14,494	10.30
7	大衆銀行	マレーシア	14,305	6.7
8	第一都市銀行	タイ	9,846	10.60
9	インドネシア国際銀行	インドネシア	7,431	8.7
10	達利銀行	シンガポール	6,919	12.90
11	力宝銀行	インドネシア	4,273	8.9
12	廖創業銀行	香港	3,498	16.50
13	工商銀行	シンガポール	2,882	16.60
14	香港華人銀行	香港	2,776	8.30
15	福華銀行	マレーシア	2,422	8.30
16	四海通銀行	シンガポール	2,068	9.80
17	新加坡銀行	シンガポール	2,049	8.20
18	華聯銀行（マレーシア）	マレーシア	1,981	10.20
19	大華銀行（マレーシア）	マレーシア	1,921	8.80
20	亜洲商業銀行	香港	1,467	11.60
21	シンガポール国際銀行	シンガポール	1,381	9.10

出所：蔡林海『アジア危機に挑む華人ネットワーク』東洋経済新報社，1998年．
原資料："The Asiaweek Financial 500", *Asia Week*, Nov., 1997．

表4-8　日本主要企業の資金調達の変容（1966-94年）

	66-74年	75-84年	85-94年
株式資本	6.3%	23.8%	35.4%
社債	10.5%	23.8%	47.0%
借入金	83.2%	52.4%	17.6%

出所：津森信也『企業財務』東洋経済新報社，1999年．
原資料：「経済統計年報」日銀調査統計局．

が4割を超していることがわかる．製造業の多くの優良企業は，やはり50％を超す自己資本比率を有している[10]．

　韓国企業の場合，自己資本不足，負債比率過大が長年の構造的な課題であり，金融危機を契機に表面化した．通常，韓国の企業財務分析では自己資本

表4-9　日本の株主資本比率の推移　　　　　　　（単位：％）

項目	1993年	1994年	1995年	1996年	1997年	1998年
全産業	33.17	33.93	35.08	36.39	33.31	33.89
製造業	40.5	41.04	42.64	43.52	44.49	44.82
非製造業	24.20	25.05	25.24	26.70	22.91	23.69

出所：『企業業績・財務状況』全国証券取引所協議会，各年版．

表4-10　政府による韓国上位財閥の負債比率の強制改善　（単位：％）

	現代	三星	LG	SK	大宇
1997年末	532.3	365	507.8	466	―
1999年末	199.7	184	199.8	199	―
1999年 6月末	340.8	192.5	246.5	227.3	
1999年12月末	181.0	166.3	184.2	161.0	倒産

出所：上段のデータは静岡県大の尹大栄氏の提供による．
原資料：イ・チョルハワン『財閥改革ドラマ』ゾウングル出版社，2000年．
下段のデータは，経済企画庁調査局編『2000年のアジア経済』大蔵省印刷局，2000年，72ページを参照した．

比率概念を使わない．総資本に対する負債比という指標ではなく，自己資本に対する総負債比（総負債／自己資本）を負債比率として用いており，事業の急拡張を繰り返してきた財閥系企業では400-600％台に上るケースも珍しくなかった．これを表4-3から表4-6における総負債比率（負債総額／総資本）の指標に計算し直せば，80-85％に上る．金融機関からの間接資本供与に過度に依存する状況では，好景気が持続していけば事業拡張・規模追求の経営戦略が遂行されやすいメリットがある．しかし，市場競争が激しく，不確実性が一層増す今日では，いったん不景気になった場合，企業の手足が高額な債務に縛られ，身動きが取れなくなることが容易に想像できる[11]．

政府主導の財閥育成戦略の下でコングロマリットに急成長した韓国系企業は，利益率よりも市場シェア重視，銀行融資依存，自己資本不足の特色をもっている．97年から98年にかけて上位30財閥のうち6つが破綻を迎え，これら主要財閥はほぼ例外なく事業急拡張に伴う過度の債務負担を背負い込

表4-11 SKテレコムの主要財務指標　　（単位：百万ウォン）

	1997年	1998年	1999年	2000年 1/4期
総資産	4,103,311	4,060,771	6,213,074	6,355,888
総負債	2,787,757	2,591,530	2,469,735	2,475,016
自己資本	1,315,551	1,469,240	3,743,339	3,880,872
売上高	3,512,005	3,545,160	4,284,873	1,399,418
営業利益	584,219	494,083	288,696	309,273
営業外利益（損失）	−415,668	−100,303	184,105	−2,506
純利益	113,067	151,307	304,161	196,203
自己資本比率	32.06%	36.19%	60.25%	61.06%
負債比率	211.9%	176.4%	66.0%	63.8%

出所：同社のホームページから作成.

表4-12 現代電子の主要財務指標　　（単位：百万ウォン）

	1997年	1998年	1999年
総資産	10,764,160	12,517,754	20,388,597
総負債	9,398,240	10,227,212	11,852,598
自己資本	1,365,920	2,290,542	8,536,008
売上高	3,490,984	4,417,146	6,011,990
営業利益	639,440	23,771	646,124
営業外利益（損失）	214,759	1,255,465	852,608
純利益	−183,543	−145,141	224,354
自己資本比率	12.7%	18.3%	41.9%
負債比率	688%	446.5%	138.9%

出所：表4-10に同じ.

み，脆弱な財務体質を有する．このため，IMFの金融支援を仰ぐ一方，その要求に応じて事業整理統合（ビッグ・ディーリング計画遂行）や財務構造改善を強行してきた．その改革の成果がすでに現れてきており，一部が表4-10～4-12からうかがうことができる．

4. 収益性分析

香港経済の顔でもある主要な華人系資本の財務指標から,その事業経営の一端をうかがうことができる.香港の現地誌『亜洲週刊』は 94 年以来,*Business Week* 誌の手法をまねて,発行株式時価総額に基づく東アジア(ASEAN 5 カ国に台湾,香港を加えた 7 地域)の華人系企業ランキングを毎年 11 月に公表してきた.表 4-14 と 4-15 では金融危機が発生した年をはさむ 2 年間のデータのみ整理している.

(1) 収益性分析の難しさ

収益性分析では,損益額および利益率諸指標,主に営業の効率性を示す売上利益率,資本の効率性を示す総資本利益率や自己資本利益率などが用いられるが,海外居住国における立場のため自らの財産や,事業の実態の公表を嫌う華人系資本の経営者が多い.低い納税意識に対する批判的な指摘も聞かれる.中小企業はもちろんのこと,一定規模以上に成長した企業でも上場を好まない歴史が長かったのも,財務公開に対する抵抗が強いからである.事業の多角化,国際化に伴って,資本調達の必要やイメージ向上のために上場

表 4-13 アジア華人系企業上位 500 社の自己資本利益率の推移

	上位 100 社 (%)	下位 100 社 (%)	500 社 (%)	黒字企業 (社)	世界上位 500 社 (*Fortune* 誌) (%)	黒字企業 (社)
1996 年	13.48	13.26	12.75	472	9.66	453
1997 年	14.26	12.97	13.41	467	11.2	469
1998 年	14.97	10.20	11.71	458	12.1	455
1999 年	13.74	8.70	10.04	390	10.4	444
2000 年	15.26	9.18	12.13	410	11.06	450

注:アジア企業についてはデータなし,および負の数字を示す企業を除く各企業の単純平均値.世界上位 500 社については全税後利益と全自己資本データの比である.
出所:『亜洲週刊』各年版.*Fortune* 誌各年版.

する企業が増えてきているが，依然としてオーナー経営者つまり取締役会長兼経営執行役（トップ経営層）が，筆頭株主・支配的株主として経営に深くコミットメントしていく姿勢が強い．だが少なくとも上場企業が増えるにつれて，一部公開データによる分析が可能となっている．

華人系資本の収益構造について，伝統的業種を以下の3つに大別できる．①生活物資を扱う小売・流通分野の薄利多売型で，利益率が平均的に低いグループ（先進諸国におけるチャイナタウンや東アジアに広く分布する中小華人企業）．②市場競争のなかで華人系資本が競争優位を有する業種で，高い利益率を確保できるグループ（香港，シンガポールなどの大手不動産系，ホテル，金融業経営のケース）．③ある国ではかつて独占的な経営権を有していた業種（ASEANにおけるカジノなどの娯楽産業，宝くじ，基礎インフラ

表 4-14 アジア華人系

順位		企業名	市場価値 株式時価総額(億 USD)		増減率 (％)	総売上 (億 USD)		増減率 (％)
97年	98年		97年	98年		97年	98年	
1	1	和記黄浦	334.88	204.58	−38.91	47.40	57.55	21.41
2	2	九竜倉集団	99.79	22.66	−77.30	10.87	12.84	18.12
3	5	会徳豊	49.76	11.97	−75.95	7.54	9.68	28.38
4	4	雲頂	33.76	12.75	−62.22	10.27	9.86	−3.99
5	7	第一太平	30.18	9.94	−67.08	70.26	83.08	18.25
6	—	馬化持株	10.93	1.94	−82.21	3.73	4.54	21.72
7	—	成功集団	10.77	8.52	−20.89	25.13	19.21	−23.56
8	—	信徳集団	9.00	1.47	−83.62	2.07	1.82	−12.08
9	10	顛峰持株	8.63	2.65	−69.28	6.99	4.54	−35.05
10	8	中国力覇	7.53	5.10	−32.22	3.81	3.49	−8.40
	3	恒兆発展	31.09	14.64	−52.93	3.30	1.72	−47.88
	6	利豊有限	7.01	10.18	45.25	16.18	17.22	6.43
	9	國浩集団	22.47	4.49	−80.03	14.47	17.10	18.18

注1：自己資本比率以外のデータは『亜洲週刊』97年度と98年度の華人系企業上位500を対象に，発行株式の時価総額を基準に順位づけた．株式時価総額はいずれも97年まで過去1年度の実績値である．
 2：売上利益率と資本利益率は，『亜洲週刊』に掲載の税引前利益の数値で算出．
 3：自己資本比率は総資本に占める株式資本のウエイトを示すもので，上記ランキングした．データは97年12月末現在のもの．
 4：株式金額数値は調査時の為替レートに基づき，米ドルに換算されている．

開発を許認可権で獲得しているケース，その利益の一部が利権者によって吸い上げられる構図）などで高い利益を上げるグループ．北米や台湾系資本を中心とする知識型産業では，ばらつきが大きく，高い成長性を見せているものの，収益性の面で明白な特徴を確認することは困難である．

(2) 一部公開企業のデータによる分析

株主の投下した資本がいかに効率よく使用されているかを測る指標として株主資本利益率または自己資本利益率（ROI: Return on Equity）が用いられる（ここでは当期税後純利益指標を使用）．全般的に華人系企業の財務構造が保守的であることは広く知られている．『亜洲週刊』のアジア華人系企業500社特集のデータを整理して全対象企業の同収益性指標の推移を表4-

複合企業の財務構造

税引前利益(億USD)		売上利益率(%)		総資本利益率(%)		自己資本比率(%)	本　部所在地
97年	98年	97年	98年	97年	98年	98年	
18.09	18.99	38.17	33.00	10.63	7.33	42.64	香港
4.32	4.33	39.74	33.72	2.87	2.83	73.83	香港
5.15	3.68	68.30	38.02	4.88	3.66	56.01	香港
4.69	3.98	45.67	40.37	18.60	24.88	83.49	マレーシア
4.93	5.02	7.02	6.04	5.81	4.41	9.25	香港
1.44	0.14	38.61	4.23	3.01	0.36	11.94	マレーシア
2.01	1.22	8.00	5.15	3.94	—	60.37	マレーシア
0.61	0.40	29.43	22.00	7.08	2.46	38.17	香港
2.95	0.55	42.20	12.12	9.85	1.85	23.55	フィリピン
0.26	0.22	6.82	6.30	2.85	2.37	49.93	台湾
2.86	2.57	86.7	149.42	10.25	7.48	85.14	香港
0.41	0.52	2.53	3.02	10.96	12.65	31.05	香港
4.77	5.27	32.97	30.8	3.05	2.71	9.08	香港

社ランキングに基づいて筆者が算出，整理したもの．ランキングは上場企業6月30日，98年6月30日現在の数値で，売上，利益，総資産は当該基準日

資料に掲載されていないため，『アジア会社四季報』99年版を参照して算出

表 4-15 アジア華人系不

順位		企業名	発行株式時価総額 (億USD)		増減率 (％)	総売上 (億USD)		増減率 (％)
97年	98年		97年	98年		97年	98年	
1	2	新鴻基地産	287.63	101.46	−64.72	29.22	37.38	27.93
2	1	長江実業	226.88	112.98	−50.20	17.07	10.14	−40.60
3	3	恒兆地産	153.73	56.79	−63.06	19.73	24.48	24.08
4	4	新世界発展	113.26	38.06	−66.40	21.59	25.79	19.45
5	5	城市発展	77.62	22.15	−71.47	18.88	14.72	−22.03
6	6	ツムシャツイ置業	41.51	21.47	−48.27	3.40	4.25	25.00
7	10	信和置業	32.94	10.89	−66.94	3.31	4.15	25.38
8	7	淘大置業	31.88	18.41	−42.25	3.13	4.76	52.08
9	9	恒兆発展	31.09	14.64	−52.93	3.30	1.72	−47.88
10	—	希慎興業	30.38	8.48	−72.08	2.87	3.48	21.25
—	8	国陽実業	11.09	16.96	−50.02	2.40	2.77	15.42

注：表4-13に同じ．

13にまとめた（同一基準でのランキングにおける欠損企業を除く全黒字企業の自己資本利益率を単純平均したもの）．

　上位100社のパフォーマンスは堅調に推移しており，下位100社は弱含みで低迷の傾向を見せているが，全体の平均値は金融危機の影響が見られるものの，2000年現在着実に回復に向かっている．90年代を通して好景気の米国全上場企業の同指標は10～18％上下しており，バブル経済の後遺症が残る日本の全上場企業は0～9％で下降を辿ってきているのと比較するとまずまずの成果である．Fortune誌の世界上位500社のデータと比べて遜色ないと言えよう．

　表4-14は97年と98年のランキングにおける上位（10社）のコングロマリット（複合企業）について，表4-15は上位不動産企業について，その株式時価総額および代表的財務指標を示している．筆者は規模指標（総売上，総資産）よりも，企業経営の効率性，財務健全性指標を重視する（Fortune誌の売上ランキングで上位にある企業でも経営赤字を続ける企業が少なくなく，規模からは経営体質が読みとれないのである）．資本の安全性を示す前

動産企業

税引前利益 (億 USD)		自己資本比率 (%)	株主資本利益率 (%)		本部所在地
97 年	98 年		97 年	98 年	
16.08	21.33	71.76	10.24	10.51	香港
20.34	24.56	77.08	20.08	21.26	香港
14.004	15.68	58.64	20.46	15.96	香港
7.27	9.86	59.19	10.98	11.88	香港
6.16	4.27	32.55	13.7	13.60	シンガポール
1.63	2.39	35.78	4.09	4.94	香港
1.74	2.68	71.94	4.23	12.32	香港
2.42	3.63	90.24	5.18	6.51	香港
2.86	2.57	85.14	3.75	8.39	香港
2.12	1.86	70.82	4.06	3.45	香港
0.36	0.66	52.29	13.95	11.84	台湾

　述の自己資本比率（株主資本比率）のほかに，営業効率や収益性を示す売上利益率，および資本運用効率や経営全体の総合的効率を示す資本利益率，資産の運用効果として在庫回転率または総資本回転率などの指標が企業経営の業績評価に有用であると考える．両表とも97年の順位に即して並べており，98年に順位の変化があったため，新入組数社は下部に付加した．

　程度の差こそあれ，金融危機が発生する直前（1997年6月30日）と1年経過した後（1998年6月30日）の発行株式の時価総額数値を比較すると，これら企業に対する市場の評価が大幅に低下したことは明白である．しかしもう1つの規模指標である総売上の大幅増を実現した企業が4社あり，最も収益減少幅が大きい企業は47.88％減である．米ドル換算の数値であるため，本拠地がドル・ペック制を維持できた香港と通貨切り下げを強いられた地域との差，つまり為替変動の影響もあろう．利益率の低下，赤字の発生が避けられない状況であるが，欠損企業は1社も現れていない．ハンセン指数は大きな回復を見せなかったにもかかわらず，香港系企業の突出ぶりがうかがえる．

　さらに経営効率，業績指標に目を転じれば，赤字に転落した企業はない

(上位500社中10数社あるが). 金融をめぐる市場環境が厳しいなか, 金融業務を主軸とする馬化, 第一太平, 顛峰 (JG) が目立った減益を示したが, コングロマリットも不動産企業も多数増収増益を実現している. 香港不動産業の場合は, 93年から返還までまさにバブル全盛期で平均地価が5～6倍に跳ねあがり, 返還後の暴落幅も大きく, 98年の取引件数が45.7%減, 取引金額が60.7%も減少したことを考えれば, 意外な結果である. 香港では前述の自己資本中心の財務構造, 投機的売買ではなく, 安定収入が不況時でも期待できる賃貸ビジネスが貢献してきた. 無論, *Forbes*誌や*Fortune*誌等の世界のビッグビジネスのランキングで用いた総収益 (総売上) では, 東アジア華人系資本の超大手でも上位500位に届かず, 株式時価総額ベースでは, 香港のハチソン・ワンポア (和記黄浦) を筆頭に (98年度200位) 近年10数社入っている程度で, 市場における存在感がまだ小さい. また, 不動産企業のように, 安全性 (穏健性) を重じる反面, 総売上規模が小さく, 資本回転率が低いという問題点が残る.

財務構造が健全であれば, 好景気時に高い収益を上げうるし, 不況時には十分な抵抗力を持ちうる. 健全な市場の下では, 企業の業績如何は株価に影響を及ぼすため, 投資家の判断材料としての価値を有する. バブルに乗じて不動産, 株の投機に走ったタイの一部の華人系資本の経営失敗の例が伝わっているが, 高収益かつ高安全性を有する優良企業の株価まで大幅に低下したことはこれら企業の体質, 成長性が客観的に評価されず, アジア経済に対して煽られた不安感の増大, 投機筋による急激な資本引き上げがあったことは容易に想像できる.

ちなみに, 表4-14, 4-15における華人系資本上位500社の98年の株式時価総額が97年より48%を下回り, ランキング入り企業数の地域別分布では台湾系が31.42%から53.60%へ, 香港系は37.29%から31.29%へと, 東南アジアの華人系資本の落ち込みが激しい. 関連するいくかの指標で見れば, 税引き前利益上位20社中, 香港系が11社から15社へ, 総資産価値上位20社中, 香港系が10社から11社へ, 返還後の不況のなかでも, 大手資本が健

闘していることがうかがえる．

むすび——華人系資本に対する財務分析の制約

突発的な金融危機により，深刻な影響を受けた一部企業の多額な債務負担がクローズアップされた．したがって，華人系企業についてこの危機が財務構造に対する関心を一層高めてくれたのは事実である．

本章では資本の安全性を示す自己資本比率（またはその補数となる負債比率），営業効率，収益性を示す売上利益率および資本運用効率，経営全体の総合的効率を示す資本利益率などの指標を用いて，華人系企業経営の体質のチェックを試みた．欧米日韓などとの比較も視野に入れている．これにより，アジア金融危機の嵐のなか，大手上場華人系企業が決して無傷ではいられなくても，なぜ倒産企業がほとんど現れていないかに対して，ひとつの説明を与え得たと考えている．

もちろん，経営構造分析の範囲が広く，上記の分析は主要内容の一部に過ぎない．上場企業の財務データが公開され，個別企業（グループ）について継続的な追跡が可能であるが，特定産業や華人系企業全体をひとつの独立した範疇とし，その財務構造から企業経営の特色を分析すること，幅広い時系列的データの蓄積が不可欠であるため，今後の課題としたい．

注
1) 華人系の中堅金融機構誠信銀行でのヒアリングによる．同行の顧客はほぼ中国系の移民のみに限定されている．
2) 大蔵省財政金融局編『アジアの金融資本市場』きんざい，1991年，348-372ページ．
3) 金融危機発生による台湾経済への影響について，次の特集記事を参照．「解析我国企業財務危機」『台経』第22巻第3期，1999年3月5日．「環境巨変，台湾産業大洗牌」『商業週刊』第601号，1999年5月31日．
4) 中国経済企業研究所于宗先生の説明．
5) Krishona G. Palepu, Victor L. Bernard, and Paul M. Healy, *Introduction to*

Business Analysis & Valuation, International Thomson Publishing, 1996（斎藤静樹監訳，筒井知彦ほか訳『企業分析入門』東京大学出版会，1999年，第4章）．

6) 涂照彦「NIEs論から見た韓国の企業経営」牧戸孝郎編『岐路に立つ韓国企業経営』名古屋大学出版会，1994年．

7) 『商業週刊』第601号，1999年5月31日，80ページ参照．

8) 1998年9月23日の台湾交通大学における講演で，台湾積体電脳張忠謀会長は特に台湾と韓国IC産業の財務体質の差異を指摘し，同時に企業文化の重要性を強調した．『商業週刊』1998年10月3日，26-31ページ．

9) 1988年，バーゼルにおいて開催されたG10諸国中央銀行総裁会議で国際決済銀行の銀行規制監督委員会が提出した「自己資本の測定と基準に関する国際統一化（International Convergence of Capital Measurement and Capital Standards）」報告書が全会一致で了承され，公表された．国際業務を営む銀行は1992年以降リスクに応じてウェイトをつけた資産に対して8%以上の自己資本を保有することを義務づけられた．①国際銀行システムの安定性強化，②国際業務に携わる銀行間の競争上の不平等条件，原因の除去が採択の目的である．前者は累積債務国問題に端を発した信用リスクに関するもので，後者は金融の自由化，国際化・グローバル化を反映した国際競争の激化に伴う競争条件の同一化を意図したものである．大矢知浩司・薄井彰編『国際財務データベース入門』日本経済新聞社，1992年，344ページ．

10) 『企業業績・財務状況』（全国証券取引所協議会）では，金融系を含んだ諸指標と除外した諸指標を分けて公開しているが，銀行の自己資本のBIS基準などが別途用いられるため，金融系を単純に含み入れて計算されたデータを使わないことにした．

11) 前掲，涂照彦．

第5章
華人系資本の事業ネットワークの変遷

1. 問題提起

　近代社会の発展は経済合理性の追求を目標とし，規模の経済性段階から範囲の経済性段階を経て，さらにネットワークの経済性の時代を迎えている．単一製品を大量に生産することでコストダウンを可能にした供給システムが消費者の嗜好の多様化に対応できなくなったために，多角化，多様化のシステム構築が求められ，その実現が企業組織目標の達成に寄与した．今日議論されているネットワークの経済性は，今までのモデルが前提にしてきた単一企業，単一組織，その内部経営資源ではなく，複数企業，複数組織，外部経営資源へのアクセスと活用による市場即応化対応を内容としており，異なる情報を持つ複数の個体が互いにネットワークを形成することで情報を共有することができ，外部経営資源活用を可能とし，今までと異なる形で利益の最大化の実現を結果する[1].

　近年，華人ビジネスの世界で，また華人研究でしばしば語られてきた「ネットワーク」は一般的に企業家が有する人脈網（コネクション，関係(クアンシー)）を指しており，これを媒介とする信頼関係が商品取引，資金融資をよりスムーズに，長期的に支援しうるものとされている．ネットワークを構築する要素として血縁，地縁，業縁，学縁などが挙げられるが，相対的親密さの程度が異なるにせよ，個々人が主体にこれらをビジネスに活用しているのは事実である．情報化時代を迎え，また事業取引規模の範囲の拡大に伴い，「ネット

ワーク」という概念がすでに従来の狭い意味を超えて包括的に使われているように思われる．ミクロ的に見れば，血縁をベースとした家族（同族）は最も親密な個人ネットワークであり，コミュニティ（宗親会，同郷会，商会など）を同族ネットワークとして扱える．また組織を個人のネットワークとして，企業（グループ）を組織のネットワークとして捉えることができる．華人系資本の特色である「ネットワーク重視」と語るときは研究者も今まで必ずしも概念の整理をしておらず，ビジネス現場でも華人企業家もネットワークの階層，構造を意識して使っているわけではない[2]．

　1993年の世界華商大会（香港）の基調講演で関係（クアンシー）の効用を強調したリー・クアンユー（李光耀）氏は華人の文化的側面における相互連携（対人関係の大切さ）を訴えながら，実はインターネットによる華人系企業同士の連携，取引の規範化推進の重要性を主張している．大会後に発起機関であるシンガポール中華総商会によって設置された華人網絡有限公司は，華人実業家の電子ネットワークを構築する事務局として，海外華人系企業の幅広い参加を呼びかけ，E-mailアドレスリスト，ホームページの作成に取り組んできたが，果たして成功したかは不明である．

　以下では，こうした「ネットワーク」概念の変容を踏まえて，華人系企業におけるネットワーク構築の諸側面を包括的に分析することにする．まず，最初にいわゆる「縁戚」ネットワークのイメージを整理し，それから地縁関係による取引拡大の様相を香港を媒介とする海外華人と中国本土との関係および台湾と大陸との関係，いわゆる両岸関係に見る．最後に組織ネットワーク構築（企業グループ形成）のユニークな事例を考察する．

2. 伝統的華人ネットワーク

(1) 「縁戚」ネットワークとは

　華人系資本のネットワークは血縁，地縁，業縁を媒介に形成されていると言われ，固い信頼関係に基づく人脈網である．これは居住地域に制約されず

に広く延伸し，重層的で錯綜したものであるために，他民族の目には排他的に映ることは否定できない．儒教社会の伝統に由来する要素もあるが，かつて異郷の生活のなかで培われた自らを守る知恵であり，同時に華人ビジネス取引の強力な武器であるとされてきた．

伝統的な中国社会が血縁社会であることはよく知られている．儒教が最も重じる孝行とは，家族内では子供が親を，血族では子孫が先祖を敬うことである．最も親しい社会関係である親子，5親等からなる狭い生活圏が典型的な血縁ネットワークを構成し，その延長線に同一名字を持つ氏族間の関係がある．氏族内の親疎関係は族譜をたどることによって確認できる．「宗親会」とは血のつながりのある同姓者からなる団体で，海外華人社会では最も大事にされてきたネットワークの1つである．父祖の地では出身地が異なる同姓者も，遠い昔どこかで先祖から枝分かれした末裔であり，親戚同士と見なされる．異なる国，都市にある宗親会同士が定期的に接触する親睦大会が，毎年どこかで開催されている．会合を通じて親交を深め，事業面における相互支援につなげていく．取引条件が同じであれば，外部者よりも同一宗親会メンバーを取引相手に選びビジネスのチャンスを共有するケースが多い．

「地縁」組織は出身地が同じ人からなるもので，同じ方言を話すため，方言グループとも呼ばれる．大きくは福建，潮州，広東，海南などに分かれ，さらにより狭い地域に限定した県単位，複数県ブロック単位に組織は細分化される（図5-1参照）．各グループは会所や会館と称する共用施設をもち，専属の連絡

表5-1　シンガポールの方言別華人構成（1990年）

方言群	人数	割合（％）
福建人	886,741	42
潮州人	461,303	22
広府人	319,322	15
客家人	153,942	7
海南人	146,629	7
福州人	35,883	2
興化人	19,776	1
上海人	16,676	1
福清人	13,065	1
その他	49,458	2

出所：潘翎編『海外華人百科全書』三聯書店（香港）有限公司，1998年，204ページ．
原資料：1990年シンガポール人口センサス，*Demographic Characteristics*, 1992.

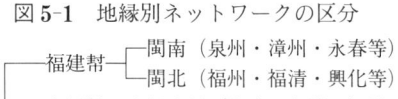

図5-1　地縁別ネットワークの区分

```
                    ┌─閩南（泉州・漳州・永春等）
           ┌─福建幇─┤
           │        └─閩北（福州・福清・興化等）
           │
           ├─潮州幇──潮州八邑（潮安・潮陽・掲陽・
           │                    饒平・澄海・恵来・普寧・南澳）
           │        ┌─広州
  地縁─────┤        │
           ├─広東幇─┼─肇慶
           │        │
           │        └─恵州
           │        ┌─大埔
           ├─客家幇─┤
           │        └─梅県
           │
           ├─海南幇──瓊州・瓊涯
           │
           └─三江幇──江蘇（上海）・浙江・江西
```

出所：顔尚強「華人社会の組織の「幇」というネットワーク」『シンガポール日本商工会議所月報』2000年10月.

事務スタッフを置く．

　海外でなんらかのビジネスに従事している場合，その業種に属する同業者組合のような団体が設立され，親睦と利害関係の調整役を担う．各国にこれら諸業種団体から組織される中華総商会が設置される．華人が最も集中し，華人移住の歴史が長い都市にできた総商会または会館は，出身地（父祖地）政府の大使館に準ずる役目を負った時期もあった．

　表5-1と図5-2はそれぞれシンガポールの人口構成と中華総商会の地縁会員別理事構成を示しており，人口比に応じて組織編成を行っていることがわかる．会頭，役員選挙でこのような会員構成がそのまま得票数につながり，勢力のアンバランスが組織運営に大きな影響を及ぼすとしてしばしば改革が求められてきた．つまり，縁戚組織の力を誇示する場とされやすい．タン・カキー（陳嘉庚）は30年代に総商会の勢力別グループによる不和や主導権争いの除去，大団結の必要性を主張したが，90年代初頭の新会長就任式でのクェク・レンジョー（郭令裕）会頭，来賓の副総理ウン・テンチュン（王鼎昌）の演説でも同じことを主張していた．

　この縁戚ネットワーク，つまり同じ組織・団体に属する会員同士の結びつきがビジネス，あらゆる社会生活面において機能している．縁戚圏内にいる者同士の信頼関係と利害関係が一致しており，外部者には排他的に見える．ネットワークの経済性原理にしたがって説明すれば，ネットワーク内の各主体が結びつくことによって資源を共有できるため，取引コストを抑え効用または利益を高めることができる．

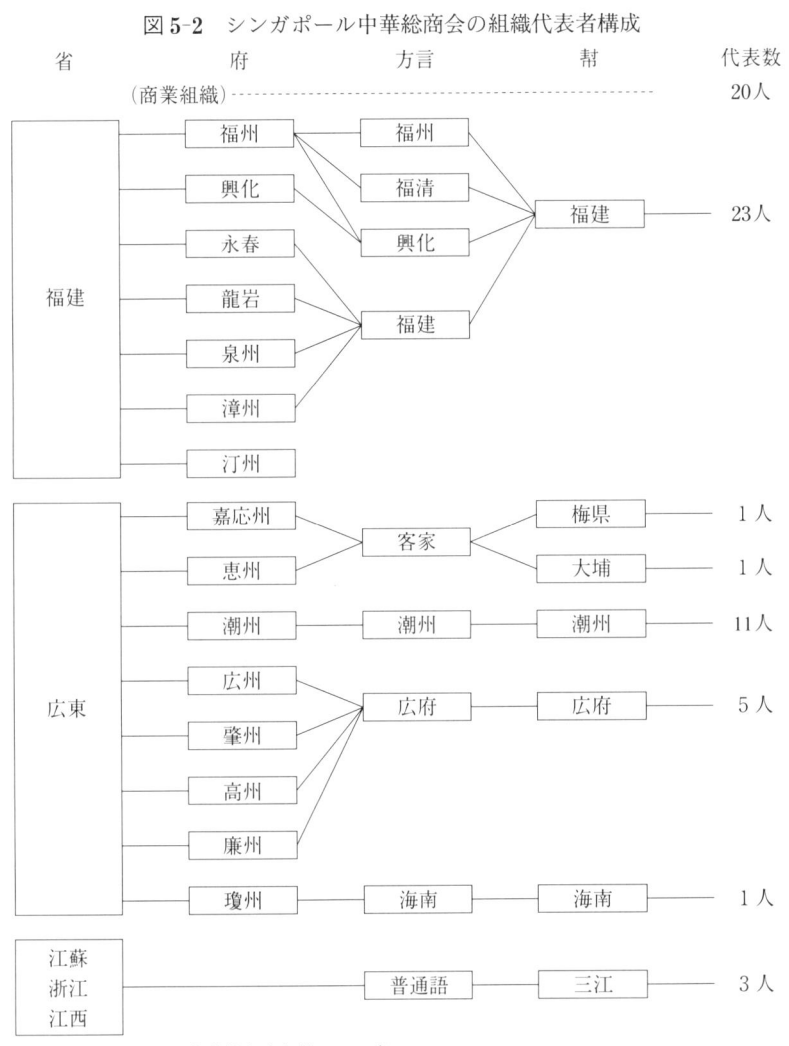

図5-2 シンガポール中華総商会の組織代表者構成

省	府	方言	幇	代表数
	(商業組織)			20人

```
         ┌─ 福州 ─┬─ 福州 ─┐
         │        ├─ 福清 ─┤
         ├─ 興化 ─┤        │
         │        ├─ 興化 ─┤
         ├─ 永春 ─┤        ├─ 福建 ─── 23人
  福建 ──┤        │        │
         ├─ 龍岩 ─┤        │
         ├─ 泉州 ─┼─ 福建 ─┘
         ├─ 漳州 ─┤
         └─ 汀州 ─┘

         ┌─ 嘉応州 ┐              ┌─ 梅県 ── 1人
         │        ├─ 客家 ────────┤
         ├─ 恵州 ─┘              └─ 大埔 ── 1人
         │
         ├─ 潮州 ── 潮州 ── 潮州 ── 11人
         │
  広東 ──┼─ 広州 ┐
         ├─ 肇州 ┤
         │      ├─ 広府 ── 広府 ── 5人
         ├─ 高州 ┤
         ├─ 廉州 ┘
         │
         └─ 瓊州 ── 海南 ── 海南 ── 1人

  江蘇
  浙江 ────────── 普通語 ── 三江 ── 3人
  江西
```

出所：シンガポール中華総商会年報，1992年．

(2) ネットワークの効用

このように人的ネットワークを重要視することは中国社会だけの特徴ではないかもしれないが，伝統的中国社会においても今日でも，海外だけでなく

第5章 華人系資本の事業ネットワークの変遷　117

国内でも，対人関係が社会生活のあらゆる面に極めて重要な意味を持ってきたことは否定しようがない．家族主義，仁義・忠誠または信用重視などは伝統的儒教文化が推奨する価値観で，華人社会に広く継承されてきている．ビジネス取引にあっては，社会・文化資源が動員され，その他の資源の節約や不足分の補填に活かされる．人的ネットワークは法律に基づくものではなく，相互信頼関係の上に成立する非公式的，自発的，相互依存的，互恵的交換関係であり，西洋文化の契約を重視する取引とは大きな相違があるといわれてきた．もちろんこれは環境の変化に対応することもあるが，総じてビジネス社会におけるその他の要素と比較すると変化しにくいものである．こうしたビジネスネットワークと中国文化との関係は，ウーによって図5-3のように

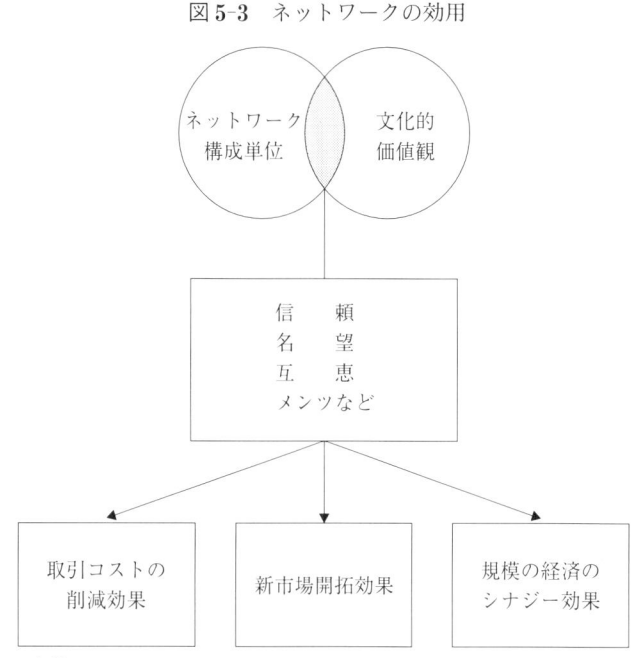

図5-3 ネットワークの効用

```
    ネットワーク      文化的
    構成単位         価値観

          ↓

         信  頼
         名  望
         互  恵
         メンツなど

     ↓      ↓      ↓

  取引コストの  新市場開拓効果  規模の経済の
   削減効果              シナジー効果
```

出所：Wu Wei-ping, "Transaction cost, cultural values and Chinese Business Networks: an Integrated Approach", *Chinese Business Network* (edited by Chan Kwok Bun), Prentice Hall, 2000, p. 47.

示されている.個々のネットワーク内の個々の主体同士が中国伝統文化の価値観にしたがってネットワーク内での交流関係を広げることによって取引コストの削減,市場の開拓,経済効果の倍増に直結する効果をもつ.取引コストとは市場で行われる財とサービスの交換を成立させるために必要な人的資源,時間,取引のために使われるすべてのロス等を総称したもので,市場での取引のための情報の獲得にかかるコストである.情報が不足していれば,コストがよりかかる仕組みになっている.このようなネットワーク同士が結び合うことによって外部効果がさらに大きなネットワークに広がる(中国語では「関係網」)[3].

3. 華人系資本と中国地域相互の経済関係

(1) ネットワークと香港存在の意義

香港はイギリス統治下において自由放任の経済政策のもと,自由港,タックスヘイブンとして先進国資本や海外華人系資本に重宝されてきたばかりではなく,中華人民共和国建国後から文革終了時までの鎖国時代でさえ,対外貿易の最重要な窓口として中国によっても活用されてきた.歴史的に海外華人にとっては海外移住の最初の出発地として,さらに本土産出物資交易にあたっての調達地としての役割を果たしてきた.出身地別の同郷会は海外華人と故郷との密接な関係の維持を中継した.中国と海外華人の一部居住国とに国交関係がなかった頃,これら居住国政府によって国内華人の対中接近は禁じられていたが,華人系企業の対香港投資は可能であった[4].華人系資本の独特な人的・資本的ネットワークが香港を集結点として東アジアやそれ以外の地域へ張りめぐらされ,事業取引を支えてきた.台湾系資本にとっても例外ではないばかりでなく,政治的に厳しい対立関係にある台湾海峡両岸間の経済取引に重要な役割を有していた.1949年以後,両岸間は一触即発の軍事対峙関係にあり,直接的な政治・経済の接触が最近まで法規定上できない状態におかれてきたからである.

図 5-4　華人ネットワークと香港の関係のイメージ

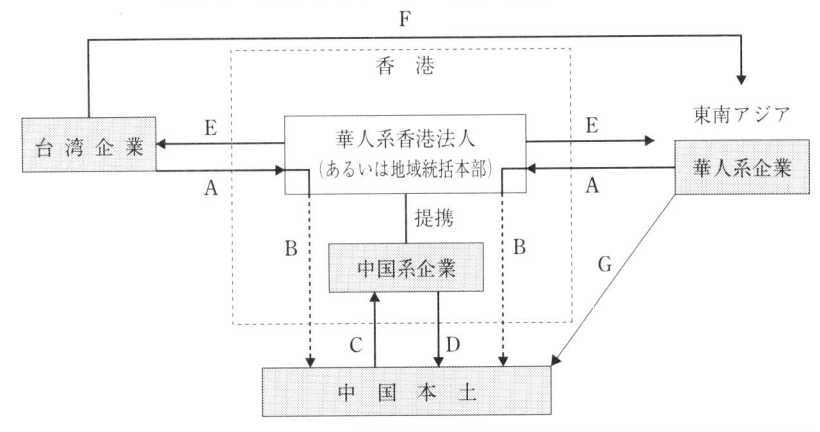

A. 華人系企業の対香港投資(法人設立)
B. 香港経由の対中国投資
C. 中国本土からの対香港投資
D. 香港在駐中国系企業の対本国逆投資(華人系企業との提携分を含む)
E. 華人系香港法人の本拠地向け逆投資
F. 台湾資本の対東南アジア進出
G. 華人系資本の対中直接投資(第三地を経由しない分,金額的には少ない)

出所：拙稿「華人系資本と中国の対外開放」『週刊東洋経済』1993年6月4日号.

　新中国成立後の一時期の鎖国時代にも一部国策会社が香港でビジネス活動を展開していたが開放政策実施後,貿易中継地として,資本調達の拠点として数多くの中国本土系企業がここに進出し,利用してきたのである．香港に集積したこれらの資本同士が結合し香港の利点をフルに利用して,海外や中国本土へ投資することができた[5]．返還前,香港が担ってきたネットワーク集結の機能が失われるのではと一部の外資系資本が危惧し,他地域へ逃避する動きを見せた（英国系商社,金融系数社が本社登録地をバミューダ,ロンドンに移籍した）半面,返還後に特典を享受できるように返還前に駆け足で足場を築いた外資系企業も少なくなかった[6]．

　表5-2から表5-6は,1999年現在香港に設立された多国籍企業のアジア地域統括本部の数,構成,管轄地域,投資計画実施の状況を示している．主

表5-2 香港に設立された地域統括本部（規模別）

雇用人数基準	会社数	%	雇用人数	%	平均雇用人数
20以下	371	44.2	3,201	4.5	9
20-49	184	21.9	5,753	8.1	31
50-99	115	13.7	7,787	11.0	68
100-199	84	10.0	11,223	15.8	134
200-499	56	6.7	15,606	22.0	279
500-999	25	3.0	18,330	25.8	733
1,000以上	5	0.6	9,176	12.9	1,835
合　計	840	100	71,076	100	85

注：地域統括本部のほかに計1,740の地域統括事務所が設置されている．97年の主権返還後も増設ペースは衰えていない．
出所：Survey of Regional Representation by Overseas Company in Hong Kong, Industry Depertment, 1999.

要な華人財閥系企業，中国国家資本の駐在機関は含まれるが，統計に表れない多数の華人系資本，本土系各地方資本の拠点が存在していることは周知の事実である．

(2) 海外華人系資本の対中国地域接近

中国対外開放政策の実施改革の深化が，海外華人，香港・台湾住人，および企業の中国本土に対するイメージと姿勢を大きく変化させた．段階的・地域傾斜的外資導入による経済改革の推進，企業経営の活性化促進は，中国経済に大きな活力をもたらした．インフラや法制度の整備が著しく遅れていた対外開放初期，西側先進諸国資本の誘致が困難なため，中国にルーツを持ち，近年急成長を遂げた，適正技術と資本を提供できる華人系資本に照準をあて積極的な投資誘致を行った政策が的中した．その後の推移がこの選

表5-3 国別の地域統括本部設立件数

国・地域	拠点数
米国	205
日本	114
英国	82
中国	69
ドイツ	55
フランス	36
オランダ	32
スイス	32
台湾	28
シンガポール	20
その他	175
合　計	848

出所：表5-2に同じ．

表5-4 地域統括本部の管轄地域分布

管轄地域	会社数
香港と中国本土	336 (40.0%)
東南アジア（中国本土外）	60 (7.1%)
東南アジア（含中国）	170 (20.2%)
東アジア	99 (11.8%)
アジア・太平洋	175 (20.8%)
合　　計	840 (100%)

出所：表5-2に同じ．

択の正しさを証明している．

他方，華人系資本は事業国際化の一環としてまた一部居住国の投資環境の悪化もあって，政治一辺倒から経済中心主義に方向転換を図った，同じ文化・慣習を有し，廉価かつ豊富な良質の労働力を提供でき，市場潜在力を持つ中国を理想的な投資先の1つとして選んだのである．双方の強

表5-5 今後5年間の香港向け投資計画

投資計画	回答企業数	回答事務所数	合計
増加	30 (16.2%)	26 (11.6%)	56 (13.7%)
変化なし	134 (72.4%)	178 (79.5%)	312 (76.3%)
減少	21 (11.4%)	20 (8.9%)	41 (10.0%)
合計	185 (100%)	224 (100%)	409 (100%)

出所：表5-2に同じ．

い経済相互補完関係がその結びつきを促進した．

中国政府は外資優遇政策および華人投資優遇政策を公表している．これらのほかに，各地方政府もまた独自の優遇措置を公表している．華人資本は外資に対する優遇条件を享受でき，部分的に内国民的な待遇も与えられてきた．その他の条件が等しければ，同じ文化・伝統・価値観を有することで，華人系資本の投資が有利に展開されうることは否定できない．

華僑の居住国への帰化が相当程度進み，東南アジア諸国が中国と相次いで

表5-6　今後5年間の中国向け投資計画

投資計画	統括本部回答	地域事務所数	合計
増加	102 (55.7%)	101 (45.5%)	203 (50.1%)
変化なし	76 (41.6%)	111 (50.0%)	187 (46.2%)
減少	5 (2.7%)	10 (4.5%)	15 (3.7%)
合計	183 (100%)	222 (100%)	405 (100%)

出所：表5-2に同じ．

国交を樹立または回復したことは，交流拡大によい環境を形作った．もちろん様々なビジネスチャンスを生み出している「両岸三地」の経済的融合，関係強化が大きな促進要因となったことは言うまでもない．対中国直接投資が可能になったが，過去の苦い経験からか，国際貿易センター，タックスヘイブンとしての有利な条件を享受できることもあって，大半のASEAN諸国の華人企業は香港・マカオに法人を設立し，そこを中継地に進出する方法をとっている．

かつて両岸関係に翻弄されていた海外華人は，両岸間の緊張緩和と両岸三地経済一体化の進展に伴って，経済的利益を求めて当地域に参入している．文化的つながりが当地域における制度の不備，社会的資源の不足を補完し，事業展開を促進する役割を果たしていることは事実である．海外華人（資本）と当地域との

図5-5　海外華人と両岸三地との関係

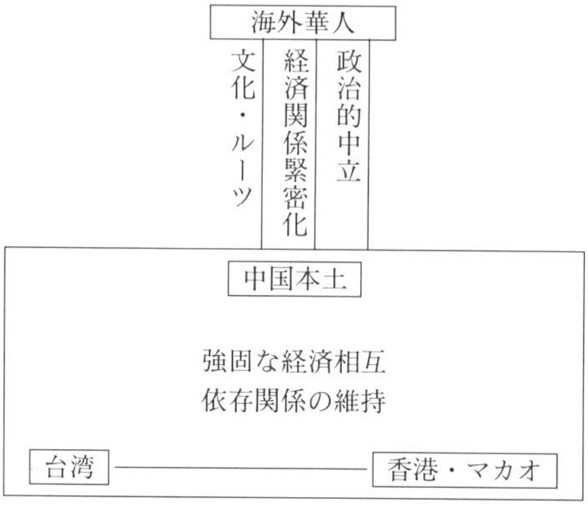

出所：拙稿「活動を支えるシステム：華僑・華人にとっての中国・台湾・香港」可児弘明・游仲勲編『華僑・華人』東方書店，1995年，232ページの図を若干修正．

関係を図5-5に示すことができる．

(3) ネットワーク取引と両岸間相互補完関係の構図
1) 両岸間貿易・投資の推移とその特徴

台湾資本の対外投資，特に対中国大陸経済交流活動に香港が果たしてきた中継機能は，海外華人資本と中国地域との関係におけるものと類似しているが，欧米日市場向けの加工輸出で成長してきた台湾企業は大陸を製造基地としてのみならず，潜在的な市場として位置づけ，事業ネットワーク構築を戦略的に展開しているケースが極めて多い．

中国の開放政策実施後，両岸当局は台湾系資本による大陸投資をめぐって，

表5-7 台湾海峡両岸間における貿易依存度の推移

項目 年度	台湾の対大陸貿易依存度					大陸の対台貿易依存度(%)
	貿易総額 (百万USD)	貿易黒字 (百万USD)	輸出依存度(%)	輸入依存度(%)	貿易依存度(%)	
1981	460.0	309.6	1.70	0.35	1.05	1.04
1982	278.5	110.5	0.88	0.44	0.68	0.67
1983	291.3	111.5	0.80	0.44	0.64	0.67
1984	553.3	297.7	1.40	0.58	1.06	1.03
1985	1,102.7	870.9	3.21	0.58	2.17	1.58
1986	955.5	667.1	2.04	0.60	1.49	1.29
1987	1,515.4	937.6	2.28	0.83	1.71	2.06
1988	2,720.9	1,763.5	3.70	0.96	2.47	2.65
1989	3,918.8	2,745.0	5.03	1.12	3.31	3.51
1990	5,160.0	3,629.2	6.54	1.40	4.23	4.47
1991	8,619.4	6,367.6	9.84	1.79	6.20	6.35
1992	11,666.6	9,428.6	12.95	1.55	7.60	7.05
1993	15,096.7	12,889.5	16.47	1.43	9.32	7.71
1994	17,881.2	14,163.8	17.22	2.18	10.02	7.55
1995	22,525.2	16,342.4	17.40	2.98	10.46	8.02
1996	23,787.1	17,667.5	17.87	3.02	10.95	8.21
1997	26,370.6	18,539.8	18.39	3.42	11.15	8.11
1998	23,951.4	15,730.4	17.94	3.93	11.13	7.39
1999 (1-7)			17.54	4.01	11.13	7.53

出所：台湾内閣大陸委員会『両岸経済統計月報』をもとに整理作成．

様々な駆け引きを繰り広げてきた．政治的対立がいまだに続いている現状では，経済相互補完関係に基づいた企業の自発的貿易・投資行動が盛んで，誘致側も地方自治体が極めて柔軟な姿勢を見せる一方，政治交渉をめぐる両当局間の主導権争いは弱まる傾向がなく，厳しい規制（「三通（通商，通信，通航）」禁止条例）が依然として敷かれていることを見れば，政治と経済のねじれ現象は極めて深刻である[7]．

表5-7，5-8は両岸間における貿易・投資の推移を示している．かねてから台湾当局によって設けられた貿易依存度警戒ライン（輸出入ともに10％），輸入品目制限，投資業種・地域制限がすでに有名無実化し，実質統計に反映されない部分を含めれば，当局にとって国家安全，産業空洞化にかかわる極めて重大な事態といえよう[8]．

この20年の間，輸出入はそれぞれ50倍以上の伸びを示し，毎年台湾側が大幅な輸出超過を持続させており，98年現在の累計では1,225億ドルの貿易黒字を積み上げた計算になる．貿易構造は台湾資本の対大陸投資と密接に関係しており，大幅な輸出増加は企業投資規模の拡大に伴う資本財，中間財の需要増に起因している．アパレル関係，革製品，一般機械などの伝統的貿易品目の比重がおおむね横ばいか減少しつつあるなか，電機設備および関連部品が大幅に（最近3年は年平均18％）伸びている．台湾の国際貿易構造全体で見ると，中間財における水平分業を増やしながら資本財を日本に依存するという構図は変わっておらず，継続的な対中輸出超過で対日入超分を穴埋めしてきた様相が定着している[9]．

特に明確に投資禁止業種と指定されている情報通信産業において，台湾自身の投資環境の課題や業者のグローバル戦略の一環として，珠江デルタをはじめ上海，蘇州周辺への集積を急ピッチに進めてきている．表5-9が示すように，台湾資本による情報産業の生産高は台湾内のウエイトがこの8年の間に約90％から45％に減ってきており，海外移転先のなかでも中国大陸が全海外分の90％超を占めるに至った．主要なパソコン組立メーカーの海外進出とサポーティング産業の移転が歩調を合わせ，中国本土の東莞市周辺に見

表5-8 台湾系資本による対中国本土直接投資の推移　　（単位：百万米ドル）

項目 年度	台湾側発表			中国側発表			
	件数	契約額	比重	件数	契約額	実行額	比重
1991	237	174.16	10.01	3,446	2,783	8,400	—
1992	264	246.99	21.78	6,430	5,543	1,050	—
1993	1,262	1,140.37	40.71	10,948	9,965	3,140	8.94
	(8,067)	2,028.05					
1994	934	962.21	37.31	6,247	5,395	3,390	6.53
1995	490	1,092.71	44.61	4,778	5,777	3,160	6.33
1996	383	1,229.24	36.21	3,184	5,141	3,480	7.02
1997	728	1,614.54	35.81	3,014	2,814	3,290	5.52
	(7,997)	2,719.77					
1998	641	1,519.2	31.55	2,970	2,982	2,920	5.72
	(643)	515.41					
計	4,939	7,979.43	—	41,017	40,400	28,830	—

注1：台湾側発表の比重は対外投資全体に占めるもので，中国側発表の数字は対内直接投資全体に占めるものである．
　2：括弧内数字は当局側がもぐりで投資した企業に事後申告を呼びかけ，段階的にキャッチされた数値で，過去未申告の累計値であるため，飛び抜けて大きい．
出所：台湾側データについては表5-6に同じ．中国側データは，『中国対外経済貿易年鑑』各年版．

表5-9　情報産業の生産基地立地先（生産高のウエイト）の変化
（単位：％）

年度 地域	1992	1995	1996	1997	1998	1999	2000
台湾	89.3	72.0	67.9	62.6	57.0	52.7	45
海外	10.7	28.0	32.1	37.4	43.0	47.3	—
中国	2.3	14.0	16.8	22.5	29.0	33.2	51
タイ	3.0	5.0	5.5	5.8	5.4	5.3	—
マレーシア	2.8	7.2	7.4	5.9	4.5	4.0	—
その他	2.6	1.8	2.4	3.2	4.1	4.8	—
合計（億ドル）	N.A.	195.43	250.35	301.74	336.07	398.81	480.76

出所：台湾資策会．『商業週刊』（台湾）2001年1月8日，63ページ．

られるように，新たな集積基地を作り出している．ACERグループの明碁社，仁宝社の蘇州事業，致伸電子，台達電子の東莞事業，ACERの中山市の事業に代表されるように，マウス，キーボード，パワーサプライのほか，

スキャナー,マザーボード,CD-ROM など主要周辺機器の加工基地が急ピッチで中国大陸側に移転されている.

半導体や LTD のようなハイテクの装置型製品は台湾のキャパシティに依存し,研究開発,規格,マーケティング,財務管理などの重要な管理業務は引き続き本社管理機能として台湾に温存させながら,量産機能の中国移転が予想を越える速さで進むと思われる.その集積効果が欧米の大手情報通信メーカーの現地進出(IBM, COMPAQ, NOKIA などの情報産業主要メーカーの珠江デルタ各地の拠点が操業中)をも誘発しはじめている[10].

2) 分業システムに基づいた取引パターン

台湾系資本の生産システムの構築にあたって中国大陸をどう組み込むか,興味深い.図5-6 は今までの代表的な取引パターンを描いたものである.実質的な経済交流は早いテンポで進んできたが,法規定上,台湾系資本は中国本土に「直接」投資を行えず,香港などの中継地に法人登録を行った上で,そこを経由した投資活動を義務づけられている.同時に,中国本土系資本関連の事務所や,子会社の台湾における設立が不許可となっている.

単に中継地として経由する以上に,香港は国際ビジネスを遂行する上で優れた金融センター,情報センター,流通センターとしての機能を有しているため,欧米日の多国籍企業と同様に,台湾系資本もフルに香港を活用してき

表5-10 台湾メーカーの珠江デルタにおける拠点分布

品目名	生産高(%)	メーカー名(立地先)
マザーボード	56	金明(深圳),技嘉(東莞),微星(深圳),清英(深圳)
デスクトップPC	42	大衆(深圳),宏碁(中山),神達(順徳),金明(深圳)
スキャナー	88	旭麗(東莞),致伸(東莞),鴻友(東莞),虹光(東莞)
CD-ROM ドライブ	74	建興(東莞),英群(東莞),廣寧(東莞),建碁(東莞)
ディスプレー	58	源興(東莞),美斎(長江)

出所:台湾資策会.

図 5-6 香港・大陸を活用する台湾系企業の取引パターン

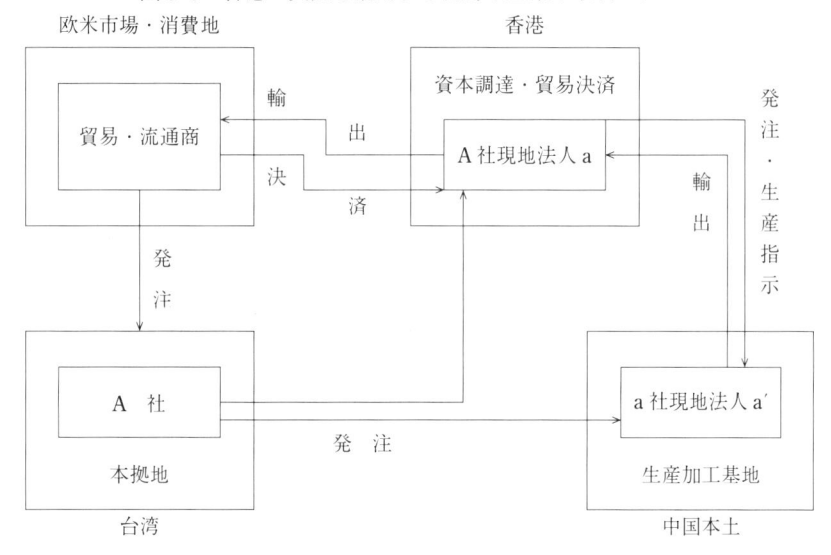

```
欧米市場・消費地                    香港
┌─────────────┐                ┌─────────────────┐
│             │      輸         │ 資本調達・貿易決済 │        発
│  貿易・流通商 │◄──出──────────│  A社現地法人 a   │◄──    注
│             │      決         │                 │       ・
└─────────────┘      済         └─────────────────┘   輸    生
       │                                              出    産
       │ 発                                                 指
       │ 注                                                 示
       ▼                                            ┌─────────────┐
┌─────────────┐                                     │ a社現地法人 a′│
│    A 社      │────────発 注────────────────────►  │             │
│   本拠地     │                                     │  生産加工基地 │
└─────────────┘                                     └─────────────┘
      台湾                                              中国本土
```

た．台湾系製造業企業の国際取引の支配的構図は次のようにイメージできる．①本社が諸外国の顧客から受注する．②香港の子会社を経由し，または直接，中国にある現地法人か OEM 拠点に発注する．③製品が出来あがったら，香港の物流機能を生かして積み出す．④香港にある銀行（必ずしも台湾系とは限らない）で貿易決済を行う．

このように法規定上香港（第三地）経由が義務づけられ「間接投資」とされながら，実質上は台湾本社が事業活動を統制し，他地域向け投資と本質が変わらなかった．台湾系資本の対中国大陸直接投資は製造業を中心としており，なかでも加工工程の移転に集中してきた．前述した取引パターン（ネットワーク構築）が 90 年代中頃まで普遍的に見られ，それが米中摩擦の背景をなしてきたことは否定できない．すなわち，米国側入超の少なからずが在中加工貿易を営む台湾，香港系資本によるもので，中間加工か最終組立か，書類記載上か実質上かの原産地をめぐる米中間の統計処理が異なることに帰因する．最大の受益者は投資企業であることは言うまでもない．

90年代半ば以降，特にWTO加盟が現実味を帯びた現在，中国国内市場目当ての投資が目立ってきている．電子情報関連の台湾系資本の参入が典型的である．産業空洞化が生じているかをめぐって，台湾側の議論は大きく割れている．複数の実態調査報告は，財務管理，生産設備，技術供給，マーケティング，研究開発を依然台湾本社がコントロールしていることを確認し，両岸間分業の進展を肯定的に捉えている[11]．

4. 事業ネットワークの構築事例
――中国での買収・合併による企業グループ形成

以下では海外華人系企業による中国国有企業の買収，企業グループ再編の事例を紹介しておく．親会社（華人系資本）と子会社（被買収企業）との組織構築戦略が，中国における経済改革の本質と盲点を突いたケースとして深い意味を有する[12]．

(1) 外資系企業による対象選別

「六・四事件」を中国の開放政策の終焉とみる予測を事件直後，疑う人は少なかった．しかし，改革・開放以外に選択肢は残されていないため，1年余りの調整を経て1992年初頭の外資に制限されてきたサービス産業の開放決定や市場経済路線の定着により，以後の中国における外国資本の事業展開に量，質ともに大きな進展が見られた．95年6月末の「外資企業対中投資ガイドライン」と「外資企業投資産業目録」の公表により，外資資本の誘致は従来の地域傾斜型から産業傾斜型へ姿勢転換を見せた．外資の参入業種を，①奨励，②許可，③制限，④禁止の4つに分類した．これを中国の外資政策の保守化への方向転換とする批判が，日本をはじめとする主要投資国に見られた．中国の外資受け入れが大幅な規制緩和の方向へ流れてきており，かつ地方中心で進められてきたことには変わりなく，この措置でも制限業種がグレーゾーンとして残されていることから，外資規制・排斥にはあたらず，これを産業構造調整の一環として認識することができる．むしろ経済特区や開

発区においては労働集約業種が成り立ちにくくなり,この分野の外資は進んで内陸か中国以外の途上国に立地先を求めることになるだろう.アジア金融危機の発生後に,中国への波及を危惧して,対中投資が及び腰になり,契約ベース直接投資は鈍化する様相を見せた.WTO 加盟が現実化するなか,大型投資案件が増えず,実行ベースが堅調に伸びる傾向にある.これだけの人口と国土を有する国が内需を喚起せずに,いつまでも外資主導の輸出志向型開発戦略に固執するだけでは,経済成長は頭打ちになることが予想される.

対中投資する外資系企業は,パートナーの選抜対象が業種や投資方法によって異なり得る.一般的に国有企業は前述の理由から経営効率,生産性が低く,敬遠されがちである.日本の金融機関の現地事務所,コンサルタントがこのようにアドバイスすることを現地調査でもよく耳にし,マスコミも国有企業の非効率な面をクローズアップするような報道をしてきた.

現に中国の国有企業,なかでも大型の国有企業は,行政による束縛と重い税負担,社会保障負担からの開放を強く望んでいたにもかかわらず,中央または地方財政を支えてきた実績や,制度的に行政と未分離の状態のため,開放当初から長い間外資との合弁を制限されてきたのも事実である(減免税による財政への貢献縮小,主管部門にとっての様々な既得権益の喪失が危惧されていた).だが90年代に入ってからは違う展開を見せた.①経営が赤字の企業,設備が老朽化した企業の救済のための所有権委託や技術提携(外資系を含む他所有制企業による吸収合併,個別工場・生産ラインを対象とした合弁事業設立を行政当局が推進してきた),②華人系企業による地方政府が管轄する国有企業の集中買収,③欧米多国籍企業の電子,通信,化学,自動車業種における中国市場参入目当ての国有企業との大型合弁,などの動きが活発になってきている.

(2) 外資系企業による国有企業買収の意味

資本主義社会では買収・合併は企業の経営資源取得,市場参入戦略として広く用いられている.かつてこれらの手法を資本主義社会の独占資本の資本

集中の主要手段として批判してきた中国においても，経営不振に陥っている国有企業の救済，産業組織の再編の一環をなす企業集団化の形成に用いられるようになっている．しかも国有企業が国内の他所有制企業のみならず，外資系企業にまで買収・合併される動きが現れたため，所有制改革の視点から重要な変革として注目されるほか，国有企業経営が国際化する一環として重大な意味合いを有している．買収・合併はまず国有企業間において進められ，主に以下の2形態が採られている．

(a) 優良企業による経営不振企業の救済

通常，同じ所属の行政主管部門の指導・勧告によるものが大半である．優良企業へ救済対象企業の重い社会負担を転嫁することができるが，必ずしも経営活性化を結果しない．逆に業績が良好な企業の経営を阻害するケースも出てくる．1958年の大躍進により多数の企業が新設されたが，盲目的経営のため国有企業の約4割が維持できなくなり，行政手段による「強行救済」，「併合」が進められた歴史がある．80年代末から市場経済体制へ移行する過程で，競争にたちうちできない企業が倒産に追い込まれるケースが増えている．「破産法」が制定された後も，主管当局は破産させずに行政主導の「合併」を行うケースが多く見られた．

(b) 株式制を導入した企業の所有権の取得

経営資源の取得，組織強化のための戦略として，企業集団を結成する動きが94年以後急ピッチに進められたが，中国系資本同士の合従連衡にすぎず，外資が介入することはできなかった．

外資による直接投資の一手段として買収・合併も用いられるが，中国側の特殊事情により西側で通常行われているとおりではなく，下記の2つのタイプが確認できる．

(a) 「接ぎ木型」の外資による国有企業の改造

設備の老朽化や重い社会負担の問題を抱える国有企業が大半であり，会社全体ではなく，工場の1つまたはラインの1つを本体から切り離し，外資と合併・共同経営させる方法．技術提携，部分連合のタイプに属す

るものであるが，外資側が経営主導権を握るケースが多く，買収・合併の1つの特殊形態として見なしてさしつかえない．

(b)　外資による実質的買収・合併

外資系企業のなかでも華人系企業による戦略投資，中国国内市場への参入，経営資源獲得を目指した動きとして用いられている．外資による投資選択の幅が広くなったことの証明でもあるが，対象企業はほぼ例外なく地方政府が管轄する国有企業である．

中央政府から地方政府への権限委譲に伴う地方の経済開発，特に外資受け入れへの積極的関与が，経済成長の最も大きな促進要因の1つといえる．特に外資受け入れにあたっては地方政府が許認可権を握っていることから，ビジネスを有利に展開させるため地方政府にコネクションを作る重要性を華人系資本はより心得ている．

地方政府が一部の外資による地方管轄国有企業の買収に積極的に応じ，優遇措置の賦与，資産評価，事業支援・保護等の面で外資に譲歩する傾向がみられる背景には，以下のような諸要因が考えられる．

①外資による資本参加，買収・合併（支配持分の取得）により対象企業が外資投企業として諸優遇条件の享受が可能であること，②行政主管部門の束縛からの解放，買収側による資金注入，管理支援を期待できることから買収に進んで応じる動機を強く持つ国有企業が少なくないこと，③外資誘致の実績作りに貢献でき，自地域に利益がもたらされるとの期待を地方役員が抱いていること．

地方外資側はこうした国有企業の所有権を入手することによって，次のようなメリットを期待できる．①中国国内市場における販売権の取得，②大きな開発価値を有する被買収企業の所有資産（土地，地上権）の低コストでの取得，③再建後の株式上場（または仲裁取引による所有権譲渡）による「創業者」利得の享受などが見込まれること，などである．

同じ文化的背景を共有する強みを活かして中国の開放政策の方向に確信をもった，または法制度の未整備，地方自治体の思惑を十分に体得できる華人

系企業が主役を務めているが，その他外資系企業も買収・合併型の投資に手を染めはじめている．地方政府が管轄する特定産業に属する多数の国有企業をターゲットに集中的に買収・合併を進め，その支配的持ち分の取得による企業グループ結成，経営活性化の面で高いパフォーマンスをあげている外資系企業も現れた．インドネシア第3の大財閥，シナル・マス（Sinar Mas，華人系，中国語名金光集団）会長の次男で，かつてシンガポールのUICを経営していたウィー・ホンリョン（黄鴻年）が代表取締役を務める香港法人，中策集団の動向は最も注目に値する．以下において中策集団による，国有企業に対する集中買収，グループ再編の意義を吟味したい．

(3) 「中策モデル」による国有企業の再編戦略
1) 中策集団による中国国有企業の買収実績

中策集団は1991年12月にある香港上場企業を買収し，対中国投資の持株会社として中策社（CIS-China Investment Strategy）に名義を変え，1994年7月に中策集団（China Strategic Holding Limited）に名称変更した．

1992年泉州市の国有企業37社の買収を皮切りに，1994年までの3年足らずに中国国有企業の大規模，広範囲かつ集中的な支配持分取得を成し遂げた．

被買収企業はいずれも地方政府主管の国有企業で，国内市場向けの売れ筋商品をもち，優良企業が多数含まれている．買収対象業種をビール醸造，タイヤ製造，パルプ，製薬等いくつかに集中し，傘下企業をグループ化する戦略を遂行して成功を収めてきた．企業経営体質の向上，従業員福祉の改善などを条件に資産の評価，合弁期間の設定で合意を得て，持分譲渡が遂行された．一定の期間が経過すると，外資側は業績良好な企業の支配権を有する持株会社を海外に上場させることによって資本を回収し利益を得た．こうした投資パターンが中策集団の活動により特徴づけられ，「中策現象」または「中策モデル」と呼ばれるようになった．たが，国有資産の流失をもらしたのではないか，との批判が中国学界や行政部門で起こり，指導層はこのような形の外資参入を禁止すべきとの主張まで現れた．

2) 国有企業の経営活性化モデルとしての意義

中策集団の投資行動を検討すると，中国国有企業の経営自主権確立，経営活性化の側面で示唆に富むものが確認できる[13]．

(a) 合併・買収の形（一部は買収のマイナスイメージを払拭するため，合弁と称されているが）での支配的所有権の取得による企業集団の結成であり，一部集団メンバー同士の相互持合の動きも見受けられる．中策集団側の投資分も払い込まれるとともに所有権が委譲されるため，所有関係の明確化，行政と企業経営の分離がこれにより可能になり，企業自身は経営の自主権を獲得した．

(b) 統合に伴う従業員解雇も管理者の配転も行わず，外資側による経営者派遣もないため，合併・買収につきものの雇用不安が解消された．同時に従業員，管理者にストックオプションによる業績評価制度を導入することにより帰属意識の変化が起こり，従業員，管理者にモチベーション促進効果が現れた．特に経営者の経営裁量が大きく拡がり，意思決定権が尊重されていることから，外資による「現地志向主義の経営」が確立された事例として評価できよう．年に1度の総経理会議を北京で開き，中央要人への中策式の国有企業改造成果をアピールすると同時に，経営者同士の情報の交換，管理経験の共有を促す効果がある．

(c) 持株会社の所有権移転によって獲得した利益が他の中策集団傘下の設備拡張に投与され，香港中策集団自体は技術をもち合わせていないが，外部資本による資本参加に伴う技術導入，イノベーションを進めている（アサヒビール，伊藤忠やインドネシアのAPP社による資本参加，技術提携のように）．

(d) ここでは中策集団側は利益動機に基づいて投資活動を行っているということを認識する必要がある．数多くの地方政府管轄の国有企業を買収・合併する際，資産評価での無形資産の無視，不動産価値の過小評価が外資を利したならば，中国側主管当局の監督不十分，法制度の不備に問題があり，これを教訓に早急な資産評価制度の整備が求められる．立

図 5-7 中策集団の組織

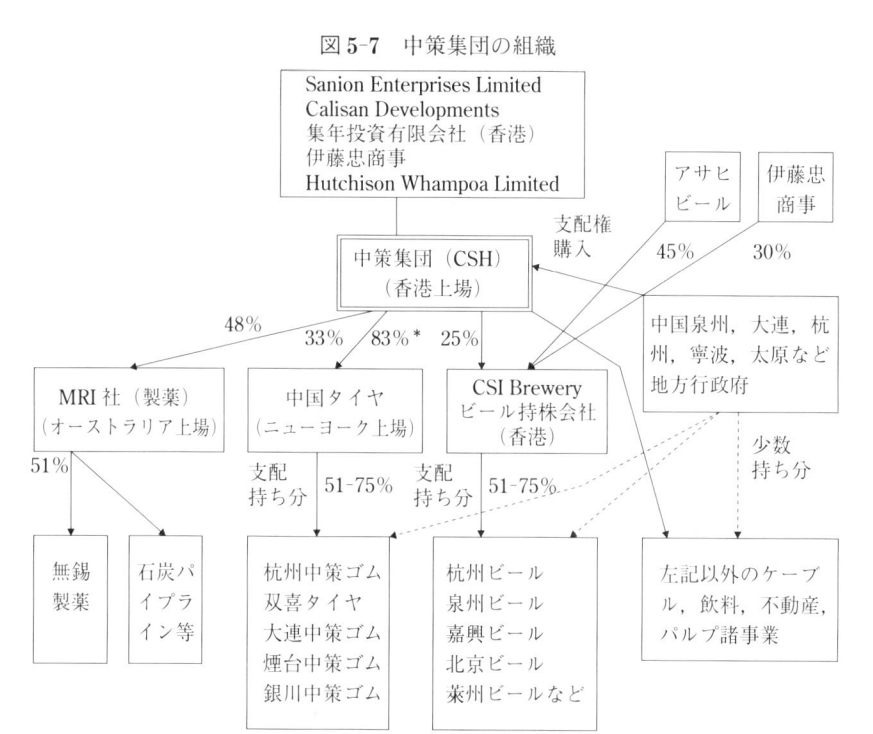

```
                    Sanion Enterprises Limited
                    Calisan Developments
                    集年投資有限会社(香港)
                    伊藤忠商事                              アサヒ    伊藤忠
                    Hutchison Whampoa Limited             ビール    商事
                                    │         支配権
                                    │         購入         45%     30%
                            中策集団(CSH)────────────
                             (香港上場)                    中国泉州,大連,杭
           ┌────────┬──────┴──┬──────┐               州,寧波,太原など
         48%       33%   83%*   25%                     地方行政府
           │        │      │      │
      MRI社(製薬) 中国タイヤ    CSI Brewery                      少数
    (オーストラリア上場)(ニューヨーク上場) ビール持株会社                   持ち分
       51%         │           (香港)
        │      支配    支配
        │     持ち分 51-75% 持ち分 51-75%
        │        │           │
   ┌────┴──┐  杭州中策ゴム    杭州ビール              左記以外のケーブ
   無錫    石炭パ    双喜タイヤ    泉州ビール              ル,飲料,不動産,
   製薬    イプラ    大連中策ゴム   嘉興ビール              パルプ諸事業
           イン等    煙台中策ゴム   北京ビール
                    銀川中策ゴム   莱州ビールなど
```

注:＊は議決権の割合を示している. ----は買収前の所有関係を示す.
出所:中策集団, *Annual Report*, 1993, 1994 より作成.

場の相違から外資側の利益獲得は国有資産の流失であるとの見方も成り立つが,パイが増えれば分け前も増えるという認識も必要である.所有権の明確化,行政と企業経営との分離による経営自主権の確立など,企業が解決を求めてきた最も根本的な問題が解決されないまま,国有企業改革は長い間金縛り状態にあってきた.こうした外資系企業の持株支配は国有企業の抱える課題をすべて解決できるわけでないが,従来中国でとられてきた企業制度改革と比べて,違う意味において経営自主権の確立を大いに促進する役割を果たし得る.制度的に,外資系企業が対中投資様式の選択肢の1つとして適用可能となった.中策集団による国有企業の集団化行動が国有企業の産業組織再編にインパクトを与えると同時

に，外資系企業に中国における買収・合併戦略展開のひとつのモデルを提示したと言える[14]．

　図5-7が示すように，親会社として中策集団は業種別に持株子会社を設立して中国国内で買収した同一業種の多数の企業を傘下に統合していき，重層的ピラミッド型ネットワーク組織を編成した．製薬，ビール醸造，タイヤ等のサブグループは異なる行政区にまたがって事業統合を進めてきた．このような動きは，投資主体と受け入れ側の相互補完的取引によりなし遂げられた事業ネットワークの1つの新しい形態として認識することができよう．

5. 隠れたネットワークから開かれたネットワークへ

　華人系資本のネットワーク構築強化を象徴する出来事として，過去5回にわたって開催された「世界華商大会」（華人企業家大会）をあげることができよう．発起者が最も民族問題に敏感であったシンガポール（政府と中華総商会の共同主催）であること，ネットワーク強化を訴えたこと，インターネットの利用による相互関係強化を呼びかけたこと，積極的対中投資を主張していることなどに見られるように，今までにない積極的姿勢の表れに関心を向けざるを得ない．

　大会はマスコミに公開され，学者の参加も積極的に受け入れていることから，今まで閉鎖的といわれてきた華人ネットワークが開かれた一面を見せてくれたことだけでも大きな意味があるように思われる．

　開催地はシンガポール，香港，タイ，カナダ，オーストラリアのように，民族問題で神経を尖らせる必要のない地域ばかりで，今後華人が最も居住しているASEAN諸国で開催できるか否かで，真価が問われる．

　華人問題では複雑な民族問題に注意を喚起することを忘れてはならない．民族問題に極めて神経を使ってきたリー・クアンユー前首相は，「華人資本ビジネスの成功は中華文化の核心的価値に起因する」（第1回大会)，「ネットワークによる連携強化は当然必要なことであり，相互の情報交換を通じて

最大の利益機会を勝ち取ることは，なんら非難されるようなことではない」（第2回大会）と主張しながらも，資本逃避・忠誠心欠如と疑われることがないように，居住国に対する投資を同時に増やすべきだと強調している．

　華人ネットワークの効用について正面から疑問を提起している研究者もいる．一部の論者は家族，親族主義等を基礎に形成された個人ネットワークの存在，および歴史的に果たしてきた役割を認めながらも，今日のビジネス活動においても同様な意義を持つことを否定している．法律による保護が弱く，公式的契約制度と政府部門およびその他の補償手段が欠如している場合のみネットワークが必要とされる（有用である）が，居住国，取引先国・地域における環境条件の改善に伴い，このような社会的条件はもはや存在しないという[15]．

　華人系資本の対中国投資，華人系資本同士の積極的な取引活動に客観的な市場要素（比較優位），投資者の合理的投資戦略に負う部分が大きいことは事実であるが，文化的結びつきを否定するものではない．華人社会，華人資本が多様化の様相を強め，特に欧米文化の影響を強く受けた経営階層の出現，非華人系企業との取引増大などが伝統的ネットワークを弱める方向に向わせるだろうが，チャールズ・ワンが指摘したように「科学がどんなに進歩しても人間同士の伝統的コミュニケーション方式は代替できない．EメールもTV会議も手段としては有用であるが，感情は伝わらない」[16]．華人系資本にとっては，公式的取引手段と非公式的ネットワークの活用が，常に二者択一の性質を有するものではないと考えるのが妥当であろう．

注
1) 辻正次・西脇隆『ネットワーク未来』日本評論社，1996年，15-33ページ．
2) Robert Kirk Mueller, *Corporate Networking*, Macmillan, Inc., 1986（寺本義也・金井寿宏訳『企業ネットワーキング』東洋経済新報社，1991年）．
3) Wu Wei-ping, "Transaction Cost, Cultural Values and Chinese Business Networks: an Integrated Approach", *Chinese Business Network* (edited by Chan Kwok Bun), Prentice Hall, 2000, p. 47.

4) ASEAN の中で，フィリピンとマレーシアは比較的早く現中国政権を承認し，国交を樹立したが，インドネシアは 1988 年に，シンガポールは最後で 1990 年にそれぞれ国交を回復し，樹立した．イスラム圏のマレーシアとインドネシアが依然として土着民と華人との民族摩擦問題を抱えていることは周知のとおりで，華人が大多数を占めるシンガポールはこうした状況に神経を尖らせ，実質的対中交流を維持しながら，正式な国交を遅らせてきた．
5) 拙稿「華人系資本と中国の対外開放」『週刊東洋経済』1993 年 6 月 4 日号．
6) 香港貿易発展局投資促進部資料．
7) 筆者は両岸経済関係の変遷に関心を持っており，台湾と大陸への幾度にわたる現地調査によって，現実（実績）と統計にずれがあることを様々な側面で確認している．次の拙稿を参照．「両岸三地間における経済依存関係の強化と「産業空洞化」の構図」『東アジアへの視点』（財）国際東アジア研究センター，1997 年 12 月号．「両岸経済交流の進展—台湾資本の対大陸投資を中心に」『東アジア学会第 1 回記念大会報告書』，1991 年 8 月．
8) 対大陸直接投資を不許可にしていたにもかかわらず，規制効果を上げられなかった現実を認識して，台湾経済部投資審議委員会は 1990 年 7 月に「対大陸地区間接投資及び技術協力管理弁法」を制定・公布し，24 業種，2,500 種目の製品に関する対大陸投資を許可した．同年 10 月に新たに「対大陸地区間接投資及び技術協力管理弁法」を追加公布し，3,353 品目に拡大させた．香港経由の対中国投資を支援・指導（チェック）するため香港に当局の出先機構「台北貿易センター」を設立した．
9) 両岸間発表の直接投資に関する統計数字の間に数倍以上の開きがあり，台湾当局側がキャッチした数値は実際数値よりはるかに低い．93 年末台湾経済部投資審議委員会にヒアリングした時に特に双方の統計におけるギャップの原因について確認したところ，数点が判明した．1 つは件数については大陸側の扱いでは，1 事業を 1 件とされ（同一親会社による複数事業を複数件と加算），台湾側では投資を実行した企業数（1 企業が複数事業をもっても，1 件として加算）とされている．いま 1 つの金額のギャップについては台湾当局に未申告の投資が多いこと，また第三地が香港のみに限定されず，他国経由の投資も存在するため，中国当局も必ずしも正確に発表していない．
10) これらの動きについては台湾側の業界誌がかなり詳細に追跡報道しているが，日本の調査機構も関心を向けはじめている．次の文献，記事を参照．此本臣吾「深化する台湾と中国の経済関係」『野村アジア情報』野村総合研究所，2000 年 7 月号．「アジア経済はいま—中国：集積するハイテク産業」『毎日新聞』2000 年 8 月 26 日．
11) 台湾系企業投資による両岸間分業の現状については次の文献が詳しい．高長「製造業台商赴大陸投資與両岸産業分工」饒美蛟・李恩名・高長編『経済中華』中文大学出版社（香港），1998 年，237-254 ページ．高長・季聲国・呉世英『台

商興外商在大陸投資経験調査研究—以製造業為例Ⅱ』中華経済研究院，1995 年．
12) この部分は拙稿の一部を整理・引用した．王効平「中国企業の国際化戦略」塩次喜代明編『地域企業のグローバル経営戦略』九州大学出版会，1997 年，105-121 ページ．
13) 中策集団の国有企業買収・合併に批判的な論点については，次の文献を参照されたい．宋小佳「対外商直接投資併購国有企業問題的探討」『中国工業経済』1995 年 7 月号，72-76 ページ．斉暁航・賀静「中策現象的幾点随想」『南北極』1996 年 1 月号，33-36 ページ．
14) 国有資産の流失の原因について，政府当局が実態調査に乗り出し，防止策を策定しようとしている．中央政府と地方政府のかけ引き，国有企業経営者のモラルハザードの問題が存在するが，経営活性化の促進を損なわずに，所有権譲渡の規範化，監督にかかわる法制度を強化する必要がある．国務院六部局国有企業資産産権交易情報連合調査組「関干国有企業産権交易情況的調査報告」『改革』1994 年 5 月号，59-77 ページ．鄭海航ほか「資本経営：厳重虧損企業扭虧的有効途徑—武漢市企業虧損對策的調査」『改革』1995 年 6 月号，76-80 ページ．程巌「大連市国有企業利用外資嫁接改造的調査」『経済理論与経済管理』（中国語）1994 年第 6 号，39-43 ページ．王効平「中国国有企業経営の国際化と華人系資本」游仲勲編『華僑・華人経済』ダイヤモンド社，1996 年．
15) Peter. S. Li, "Overseas Chinese Networks : A Reassessment", (edited by Yu Cunghsun) *Ethnic Chinese - Their Economy, Politics and Culture*, The Japan Times, 2000. pp. 107-134. Chan Kuok Bun, "Myths and Misperceptions of Ethnic Chinese Capitalism", *Proceedings of the International Symposium on Ethnic Chinese and World Economy*, China Association for International Friendly Contacts, Feb. 1999, pp. 70-85. Chan Kuok Bun&Claire Chiang, *Stepping Out — the Making of Chinese Entrepreneurs*, Prentice Hall, 1994.
16) 「一年領二百億奬金的強勢総裁」『商業週刊』（台湾）1999 年 5 月 3 日，79-81 ページ．

第6章
華人系製造業資本の競争力評価

1. 問題提起

　中国外の中国系または華人系経済については地域経済統合または局地経済圏にかかわる研究のなかでしばしば取り上げられ，直接投資や貿易の流れにウエイトをおいた分析が多く見られる．しかしステレオタイプの見解として，海外華人系資本の商業資本的特質がよく語られてきており，企業経営システムや生産システムに関する分析が乏しい．華人系資本のそれについては，居住国における立場の難しさ，公式経済・経営統計の不備などが原因で，アプローチしにくいテーマである．台湾資本については一部統計，調査報告書が公表されており，本章が掲げたテーマにかかわる分析に生かすことが可能である．

　資本主義経済体制（市場経済システム）下で事業経営をし，海外に幅広く投資活動をしてきた台湾系資本については，広義の意味で海外華人系資本に含み入れて議論することが妥当であるように思われる．香港『亜洲週刊』誌によるアジア華人系企業上位500社特集もASEAN 5カ国に台湾と香港を加えた地域を対象としており，製造業資本を中心とするランキング入り台湾系企業のプレゼンスが増大する一途である．かかる意味で，台湾の輸出志向工業化の成功が広く語られてきており，台湾系資本の企業経営システムやその生産システム分析を進めることが，華人系企業経営の構造解明に意味深いように思われる．アジア金融危機の発生による台湾経済への影響が軽微であ

るとの説もあるが，金融システムに構造的課題を抱えていることは否定できず，IT産業の好景気に打ち消された部分が大きいと評価できよう．積極的に東南アジア，中国本土に事業展開をしてきた台湾系企業も，立地先によって被ったダメージの程度に大きなばらつきが見られる．こうした経済環境の激変が台湾系資本に対する関心を高めており，本章では現地調査を踏まえながら，台湾系資本による生産システム構築の特徴，その競争力評価に光をあて，華人系製造業資本の経営構造の解明になんらかの示唆となればと考えている．

本章は最初に比較の視点で台湾系資本の競争力の源泉に触れ，特に企業間関係の特徴，中小企業の弾力的経営，競争に関する企業自身の認識を取り上げる．次に生産システムの構築を情報・電子産業のケースを通して分析してみる．さらに伝統製造業分野における分業関係構築の様相を紹介し，これらの分析を踏まえて，最後に企業経営の構造分析の意味を述べる．

2. 台湾系資本の競争力分析

(1) 産業組織構造（企業間関係）の特徴

台湾経済に関しては，輸出志向型の工業化を柱とした経済発展戦略を成功させ，激しい経済環境の変化に順応して産業構造転換を実現できた要因がいくつも挙げられている．その最も重要なものの1つとして層が厚く，独立志向が強く，機動性に富む民営企業，特に中小企業を中心とした産業組織構造を挙げることができよう．

公式統計でみれば，企業数ベースでは中小企業が全体の97-98%を占めており，日本や韓国と大きく違わない（中小企業の規模尺度をたびたび変えて調査が実施されてきたため，データに一貫性のないことは否めない）[1]．植民地宗主国からの払い下げにより基幹産業における独占資本として発展してきた一部の国営・党営（かつての与党国民党経営）の企業や，企業集団化を成し遂げた民間企業など巨大企業もあるが，総売上や総資産指標でみると平

表 6-1　企業グループ別の売上 GDP 比

(単位：%)

	台湾	韓国
上位 5 グループ計	17.8	47.6
上位 10 グループ計	23.2	58.8
上位 50 グループ計	36.4	79.7

注：韓国は 1991 年，台湾は 1990 年の数値．
出所：服部民夫・佐藤幸人編『韓国・台湾の発展メカニズム』
アジア経済研究所，1996 年．

均して企業規模は小さい（表 6-1 参照）．財閥育成政策を貫き，経済構造面では大企業依存・大企業独占の韓国と違って，基本的に経済自由化の流れのなかで，民間企業に対する保護が薄く，より競争的な経済環境における中小企業の存在感が高い．

戦後の工業化政策では，輸出産業の振興に経済資源を注ぎ，日米から技術導入や資本誘致をし，米国を中心とする先進資本主義市場への製品輸出を積極的に図ってきた．これに関連して，多数の貿易加工区，輸出加工工業団地，ハイテクパークが設けられ，後の ASEAN，中国本土の地域経済開発にひとつの手本を示した．台湾自身の市場の狭さという制約のもと，廉価で豊富な労働力という有利な条件を活かし，中小企業は付加価値の低い労働集約型の消費財加工輸出に努めた．輸出産業にかかわる業者数は極めて高い割合（60-70%）で推移し，総輸出額に占めるウエイトも極めて高い数字（70 年代末 75%）を示している[2]．大量の資本投下の必要がなく，低コストで遂行できるこれら労働集約型産業の先行的開発，開発利益を享受していたが，やがて労働力不足，地価上昇（用地不足）に伴うコスト上昇，周辺諸国の同様な開発政策実施による追い上げに直面し，優位性を失うが，激しい構造調整のなかで，引き続き伝統産業にとどまる製造業企業が海外への投資に活路を求めていく．資本蓄積により実力を増し，高付加価値製品の開発に成功した企業は資本・技術集約型産業への参入に事業方向を転換し，中堅企業へ成長してきた．具体的な動きは，80 年代以後の伝統産業の集中的対外進出，な

かでも政治的に敵対関係にある中国本土になだれ込む製造業中心（約90％）の直接投資，島内における電子・パソコン関係のベンチャーハイテク資本の急成長に見ることができる．

　ともに輸出志向型の工業化路線で経済開発を成功させながら，台湾は日韓と異なる産業組織構造を形作ってきた．日本の産業組織の特徴を示すキーワードは系列化である．製造業に広く見られる親メーカーと部品メーカー間の長期的で緊密な取引関係を反映する下請けシステムが，戦後日本経済の持続的な高度成長を根底から支えるバックボーンのひとつとして高い評価を受けてきた．このシステムの定着に専門化した中小部品メーカーが重要な役割を果たしていること，いわゆる裾野産業の発達は広く知られている．日本のような完全な下請けシステムの構築に至っておらず，フルセット型に近い事業構造を構築してきた韓国の財閥系企業の場合，系列重視の点において日本企業に引けを取らず，近年組立産業における下請け中小企業の育成に力を入れてきている[3]．

　この面においては，台湾系資本は違う取引構造を有している．台湾プラスチック・グループのような川上業種から川下業種までカバーし，堅固な系列関係を維持している製造業系の財閥（企業集団）も少しはあるが，組立産業全体でみれば，上記のような下請けシステムが構築できておらず，長期的取引関係が維持しがたいこと，背後に中小企業の独立志向が強く，取引先に対する「忠誠心」に欠け，臨機応変に取引相手を変えがちであることが一般的に指摘されている[4]．こうした状況を踏まえて，自動車産業の振興（競争力強化）を目指す台湾の行政主管部門は，日本の成功した下請けシステムを上から人工的に移植しようとして，組立メーカーと部品メーカーとの連携を取りもとうと動いていた（いわゆる「中衛体系」の構築）．しかし，企業文化，経営風土の相違が大きく，産業構造も産業発展の歴史も異なるため，定着するのに相当大きな困難が伴うと思われる[5]．

(2) 中小企業の経営弾力性

　台湾系中小企業やその経営者の元気のよさ，粘り強さ，柔軟性を形容するキーワードとして，いくつかの表現が台湾の経済学者によってしばしば用いられている．「雑草」（踏まれても環境が悪くても成長できる），「ゴキブリ」（劣悪な状況下でも生き延びられる），「変形虫」（環境の変化に順応して自らのスタンス，行動戦略を素早く変えることができる）などである．廃業率と新規創業率のデータ，海外投資範囲の広さ・意思決定の早さに関する様々な調査報告からこのような特色をうかがうことができる．

　台湾の民営企業の組織形態は会社形態（株式会社と有限会社）と非会社形態（会社形態をとらない純粋な家族体事業）の2つに分かれ，後者が現在約6割強を占める．特に独立志向が強い中小企業の創廃業に激しい動きが見受けられる．表6-2は経済部商業司による新規創業・廃業の動きに関する統計データである．会社形態企業の新規創業社数，全営利事業社数における新規創業件数のいずれも解散・廃業社数を大幅に上回る（継続的純増状態）推移を示しており，アジア金融危機発生後の景気低迷期も増加ペースは鈍化したものの，この傾向は変わっていない．

　ある調査統計によれば，1960年から85年までの25年間継続営業した製造業資本の比率は4.4％にすぎず，期間中11年以上事業を継続している企業も34.4％と低率で，世界的に見て相当低い水準にある．1998年現在の現存中小企業社数でみれば，10-20年継続している企業は24.31％，20年以上

表6-2　台湾の新規創業，廃業社数の推移　　　　　（単位：社）

年度	会社形態企業			全営利事業		
	新規創業	解散・廃業	純増減	新規創業	解散・廃業	純増減
1994	55,700	18,501	37,199	68,717	35,457	33,260
1995	54,431	20,347	34,084	68,294	46,263	22,011
1996	43,638	25,272	18,366	67,592	48,136	19,456
1997	44,068	29,997	13,842	75,995	50,274	25,721
1998	36,513	24,255	12,258	80,027	50,946	29,081

注：全営利事業には株式会社や有限会社の形態を採らない企業も含まれる．
出所：台湾経済部『中華民国88年中小企業白書』14ページ．

は14.22％で，やはり低率である．急激な産業構造調整に伴う製造業企業の市場参入・退出頻度の高さ，優勝劣敗，適者生存の競争原理が働く経営環境の構造的特質が反映されている[6]．いわゆる廃業は創業者が環境に適応できなくなった会社を積極的に閉鎖し，次の創業につないでいくためのステップとして一般的に理解されている．経済部「工業統計調査報告」によれば，電子産業の場合，92-95年の4年間におけるメーカーの撤退率が30.9％，同期における新規創業件数が全現存社数の50％を占めること，主製品を変えたメーカーが29.9％，所属業種部門を変えたメーカーが18.8％，総売上のうち，新製品または生産ラインの拡張の貢献度が44.14％に上ることが明らかになっている[7]．激しい構造変動，市場競争の一端をうかがうことができる．

　日本も戦後高い創業率を維持してきたが，バブル崩壊の影響もあって低下しつづけ，91年を境に廃業率が創業率を超え，いまだに回復を見せていないのとは好対照をなしている．産業空洞化に対する危機意識，または認識にも日台間に大きな差が見られる．対中国関係では空洞化防止を名目とした「厳しい」直接投資規制が敷かれているが，政財界は競争力を喪失した産業の構造転換の一環として，対外事業基地移転を推進してきた．経営規模の小ささ，強い相互依存・連携関係を保つ下請けシステムが根づいていないことが，市場需要の変化に応じて転業または生産基地移転を容易に進めうるメリットにもなっている[8]．一般的にいえば，事業継続期間の長さ，市場参入・撤退の早さは経営規模，所属産業部門の特性（集中度），成長率，外国市場への依存度などによって影響されるが，また教育制度，事業経営に対する価値観の相違も企業家精神の形成に相当程度寄与する（雇われ社員に甘んじず，一定の経験・資金の蓄積を経た上で独立創業を好む社会風土が根強い）．

(3)　競争力に関する企業の自画像——アンケート調査の結果分析

　台湾企業，なかでも製造業の企業の競争力について，上述の経営弾力性または柔軟性，旺盛な企業家精神，およびこれらをもとにした製品構造調整の素早さがしばしば取り上げられる．企業自身がその企業経営の優位性と脆弱

表 6-3 中小企業（製造業）の競争力評価

	母数：2,674 社	金属機械 829 社	情報電子 202 社	化学 810 社	消費財 833 社
優位性	製品				
	高品質	42.46	41.09	37.78	38.54
	価格設定	39.57	39.60	40.99	40.94
	生産技術	35.10	22.77	33.58	23.77
	独創性	31.36	27.23	23.95	26.17
	生産コスト	10.13	14.85	10.00	10.68
	原料仕入	15.32	15.84	19.14	18.97
	研究開発	13.03	24.26	9.63	9.00
	流通経路				
	販売網分布	8.69	10.89	6.42	7.32
	代理店管理	4.34	3.47	4.94	3.60
	マーケティング戦略				
	企業イメージ	28.95	22.28	25.43	26.05
	広告	3.86	6.93	2.47	3.60
	ブランド知名度	19.66	19.80	15.06	16.33
	その他				
	アフターサービス	28.71	17.82	23.58	14.65
	従業員の素質	9.89	6.44	9.38	6.48
脆弱性	企業内要因				
	賃金の高さ	32.33	30.69	31.85	36.25
	管理者・技術者の不足	29.19	33.17	22.72	17.41
	土地確保	17.73	12.38	14.94	11.28
	資金調達	19.06	16.34	14.81	15.61
	製造技術	3.50	4.95	3.09	1.56
	競争相手要因				
	過当競争	59.47	62.38	66.17	62.75
	産業要因				
	労働力不足	34.86	29.70	29.26	29.53
	市場需要停滞	26.78	21.78	26.05	30.37
	労使紛争	7.48	3.96	7.28	7.56
	将来展望が不明	16.04	13.37	17.78	24.01
	環境要因				
	為替レート変動の激しさ	35.59	26.24	28.15	34.57
	環境保全要求の厳しさ	16.89	12.38	27.28	23.17
	行政効率の悪さ	13.27	11.88	14.44	11.16
	法規不備	14.72	14.36	17.65	11.76
	インフラの不備	4.34	4.46	3.95	2.64
	情報不足	6.63	5.94	4.81	5.52

注：アンケート調査およびその追跡調査により 2,674 社の標本から回答を得た．表中の数字は各質問群別に回答率が高い順の数字を拾ったもので，数字が高いほど競争優位性または脆弱性の程度が高いことを示している．
出所：経済部『中華民国 88 年中小企業白書』をもとに，筆者が加筆整理．
原資料：経済部統計課『製造業経営実況調査報告』1998 年 6 月．

性をどう認識しているかについて，表6-3の調査結果が参考に値する．

　この調査は中小企業製造業を対象に実施されたもので，所属業種を金属機械，情報電子，化学，消費財の4部門に分け，競争優位については製品，流通経路，PR戦略，その他の質問項目が設けられている．比較的回答率が高い（つまり優位性が高い）要素として価格設定，品質，生産技術など製品自身にかかわるものが中心を占めているが，PR戦略では製品広告やブランド名よりも企業イメージの良さ，その他の項目では顧客に対するアフターサービスがほぼ共通に挙げられている．研究開発の強さに関しては，情報電子部門が他部門を大幅に抜いている．流通網構築については，いずれの部門も極めて低い順位づけをしている（10%を大幅に下回る）．

　他方，競争的脆弱性については，企業内要因，競争相手要因，産業要因，環境要因の4グループに分かれ，そのなかで市場における過当競争に関する回答率が4部門とも極めて高い．企業内要因として，賃金の高さ（特に消費財部門），管理職およびエンジニアの不足（特に情報電子部門）があげられ，産業要因については基礎労働力の不足（特に金属部門），市場需要の低迷（特に消費財部門）が深刻に受け止められている．

　マクロ経済環境については為替レート変動の激しさが指摘され，輸出依存度の高さがこうした構造的な課題を抱えさせていると容易に想像できる．

　海外進出した日系企業にヒアリング調査を行った際，日本の代表的な電子部品メーカー複数社から日系メーカー同士の過当競争を指摘する声を耳にしたことがある．高品質・短納期を売り物にしてきた日系企業同士で競争を繰り広げた結果，価格は大幅に押し下げられ，収益性を維持するために，より低コストの生産基地を海外へ探し求めざるを得なくなってきた，との認識である．基礎工業部門における研究開発や品質管理面では，台湾系企業は日系企業に少なからず劣るが，環境変化への対応の素早さ，コストダウンによる価格競争力の向上で一部脆弱性がカバーされていることも認識できよう．

　経済開発の進展に伴い，労使紛争がかつて先進国で，現在は新興工業国において頻発するようになり，産業競争力にマイナス影響を及ぼしている．台

湾では戒厳令解除直後やアジア金融危機の余波の影響下で顕在化したが，相対的に重大な労務管理の課題として問題視されてはいない．表6-3の脆弱性に関する産業要因の項目にもあるが，労使紛争に関する回答率が3-7%にとどまっていることからもこれはうかがえる．基本的にほとんどの企業が温情主義的な雇用・労務管理制度を採っている．しかし，従業員サイドでは独立創業目的の，またはより良い条件を求めてのジョブ・ホッピング（離職）が日本や韓国よりはるかに頻繁である（離職率が高い）．1人の従業員の転職頻度は，平均して生涯に5-8回の範囲にあるといわれる．台湾において，ジョブ・ホッピングは悪い評価にはならず，転職を支援する人材派遣企業も数多く存在している[9]．

韓国では80代半ばの民主化運動以後や今度の金融危機（IMFショック）発生後も雇用条件をめぐる労使紛糾が激しく，多くの企業経営者を悩ます大きな経営課題の1つとなってきた．日本の場合，経営の中心軸をなしてきた終身雇用制が長期景気低迷，グローバル化の流れのなかで変わろうとしているが，労使双方ともに心理的抵抗が強い．同じ東アジアの儒教（漢字）文化圏に属しながら，日韓台企業の間に労使関係面では大きな相違が見られる[10]．

3. IT関連産業の生産システム分析

(1) 台湾IT産業の位置づけ

IT革命の方向を見極め，欧米日の大手電子・通信メーカーとタイアップして多大なビジネスチャンスを掌中にしたことで，台湾では多数のハイテクベンチャー企業が急成長を遂げた．ビジネス誌『商業週刊』とともに，『天下』が毎年台湾の製造業上位1,000社（およびサービス業500社）を公表しており，1999年度をみるといわゆる「知識型」企業（電子221社，情報通信132社）が35%を占め，総売上，純利益ベースの上位50社の半数強に及んでいる[11]．これらのIT関連企業の大半は10数年前まではまだ創業されておらず，創業されていたものもランキング基準に遠く及ばなかった．

表6-4は，台湾の情報電子産業の主軸を成してきたパソコン周辺機器や製品の総生産高，および世界における比重を示している（世界でトップシェアを占める品目のみのリスト）。独自のブランドをもつ完成品はACER社のパソコンなどごく一握りのものにすぎず，大半は世界を代表する大手メーカー向けのOEM（Original Equipment Manufacturing. 委託生産：生産加工能力を有する受託者が委託側の設計図にしたがって加工し，そのブランド名で供給する契約方式）供給品である．こうした川下の産業が国際分業システムのなかで一定の地位を占めるようになってから，川上のIC部門への参入が政府の強力な支援の下で進められた．アジア金融危機の発生前後における価格競争にさらされ，IC産業は危機に直面したが，世界的な需要増で息を吹き返しつつある．表6-5, 6-6が示すように，競争力が備わるまでに成長してきたの

表6-4 情報通信関連企業の生産実績および世界における位置づけ

	1997年度				1998年度	
	生産量 （万個）	生産高 （百万USD）	台湾外での生産シェア（%）	世界シェア（%）	生産量 （万個）	生産高 （百万USD）
モニター	4,073	7,900	53.7	54.5	4,992	7,523
ノートブックPC	461	6,800	31.9	0	スキャナー 15,240	818
デスクトップPC	914	5,800	14.5	30.1	ケーブル束 64,705	2,762
マザーボード	4,355	3,800	59.7	39.6	5,322	4,310
パワーサプライ	5,038	1,300	63.0	86.6	5,876	1,498
ケース	5,379	1,100	74.7	70.3	6,193	1,201
キーボード	5,075	500	62.2	97.1	6,051	498
マウス	5,056	20	62.8	79.1	5,690	170

注1：表中のデータは台湾系資本の生産実績に関する統計であるが，「台湾外での生産シェア」は台湾メーカーの海外拠点による同業種の総生産高に対する比重．
 2：98年度のデータが揃っていないため，一部のみ整理した．上から2番目と3番目の数字はそれぞれスキャナーとケーブル束のデータである．
 3：世界シェアとは台湾の企業による生産高が世界の同種製品の総生産高に占めるウエイトのこと．
出所：『商業週刊』（1999年5月31日），(財)交流協会『台湾経済概況』（1998年3月）のデータを参照して筆者が整理，作成．

表 6-5　台湾 IC 産業の実績推移

(単位：億 NTD，％)

部門別	1998 年	1999 年	前年比成長率	2000 年(予測値)	前年比成長率
設　　　計	469	742	58.2	970	30.7
製　　　造	1,694	2,649	56.4	4,691	77.1
パッケージング	540	659	22.0	850	29.0
検　　　査	131	185	41.2	242	80.8
合　　　計	2,834	4,235	49.4	6,753	59.5

出所：『商業週刊』(台湾) 2000 年 5 月 29 日，76 ページ．
原資料：工業技術研究院の提供．

表 6-6　台湾 IC 産業の世界における位置づけ

(単位：百万 USD，％)

部門別	生産高	世界に占める割合	国別順位
設　　　計	2,295	19.6	2 (米国 1 位)
製　　　造	8,194	6.8	4 (上位 3 国は米・日・韓)
Ｏ　Ｅ　Ｍ	4,343	64.6	1
パッケージング	2,038	29.0	1
検　　　査	572	28.0	―
製造業総生産能力	―	10.9	3 (日本 1 位，米国 2 位)

出所：表 6-5 に同じ．

である．

(2) パソコン産業における分業システム

　パソコン産業はまだ 20 年足らずの短い歴史しか有していないが，近年，市場の成熟化，技術革新によるライフサイクルの短縮化，素材・パーツの標準化による新規参入者の激増のため市場競争が激化し，個々の企業の収益構造が大きく圧迫される事態になってきている．世界の主要メーカーはフルセット型の生産体制を改め，低収益品の OEM 戦略を採るようになってきた．台湾に集積したパソコン関連産業は，経営者の教育バックグラウンド（大半は米国留学組で工学系か MBA コースを専攻），世界主要メーカーとの間の

人的ネットワーク（経営者がこれら企業での勤務経験を有し，スピンアウトして現在経営している企業を創業したケースが多い），低価格・ハイスピードといった競争力を生かす形で，世界の主要情報通信機器メーカーから大量のOEM，ODM（Original Design Manufacturing．委託設計・加工）の受注を可能にし，これを契機に急成長を遂げてきた．1998年，全世界におけるノートパソコン生産の伸びが9.3％であったのに対して，台湾業界は36.3％増の実績を達成している[12]．台湾のパソコン産業が日本や米国の大手メーカーに低価格パソコンをOEM，ODM供給することによって世界的IT革命ブームを影で支えてきた一面が見てとれる．

中小企業は大企業ほど資本，技術，流通面における規模の利益を一般的に享受できないが，一定の組立技術，品質保証で，ラインの変更が容易な機動的生産形態を有すれば，国際分業システムに参入できる．旺盛な企業家精神を有する中小企業経営者はその柔軟性，機敏さを生かして，多数のベンチャー企業を興し，ITブームに乗り，専門化の強み（自らは一部の工程に特化して他の工程を外注に出すか他社からの外注に依存する体制構築）による積極的な分業参加の形で地位を確立してきた．技術集約度の低い伝統的な輸出志向型製造業（加工貿易業種）の場合，専門化した分業システムは必ずしも確立されていなかった．情報電子産業の場合，一部大手電機機器メーカーによる集中生産も見られるが，スピード，柔軟性，低コストで優位に立つ多数の中小部品メーカー，家内工業の存在が多層な分業構造を作り出している．

長期的で固定した日本型の下請けシステムではなく，ライバル同業者や規模で上回る業者への加工依頼，零細業者への一部単純な工程の分担加工依頼を含む「外請」制度・慣習が定着している．注文を取れる業者が主導権を握る形で，加工能力を勘案して委託相手を選別し，流動性が高く，水平・垂直分業が入り混じるユニークな分業システムである[13]．垂直分業は製品の設計，部品の調達，製造と検査測定などのような機能別の，さらに加工段階における工程別の業務を多数の業者が共同で分担し合う体系であり，水平分業は注文にかかわる加工機能の相互融通関係として多く見られる．企業の成長，市

場の変化,構造調整の進展に伴って,相互間の分業形態も変化してくる.互いに外注先または下請け先を自社の専属物として拘束せず,過度な依存を避けている.

このような分業方式のメリットとしては,①個々に見れば技術的にも財務的にも弱い中小企業が,企業間の緊密的な取引関係を通じて相互に補完しあい,総体としての産業競争力を培ってきたこと,②不安定な受託量(市場変動)に合わせて生産体制を適時に組み替えうるため,リスク分散が可能であること,③ステップアップに備えた習熟の場,すなわち情報・ノウハウの蓄積の機会として利用されることがあげられる[14].

こうして,台湾のパソコン産業は目まぐるしい景気変動に合わせて,関連産業の集積効果を生かし,受注規模に見合う外注方式をとることによって個々の企業の規模制約を克服し,総体的受注能力を高め,投資コストの節減,経営効率の向上を図ってきた.かつての伝統産業と同じく労働力供給のボトルネックに直面すると,中小企業群は投資コストを節減できる新たな生産基地を海外に集団で探し,集積体制を構築し直していく[15].大手に成長したメーカーはコア・コンピタンスをしっかりもっており,それを生かす形で周辺領域において多角化を図り,プロダクト・ライフサイクルの最良段階(高成長,高収益期)をキープできる知恵を生み出すに至っている.以下のACERの事例が参考に値する.

(3) ACERのケース──ファースト・フード・ビジネス・モデル

ACER社は,中小ベンチャーから出発し,PCを中心に通信や半導体,その他周辺機器を開発・生産する,台湾を代表する大手企業グループに成長した.1976年に設立された同社は,わずか20年余りの間に従業員数約2万3,000人,総売上高65億米ドル,99年現在台湾の製造業企業第2位にランクづけされた.売上の伸びは波を描いているが,90年代前半には年平均50%の成長率を示した.98年の上場企業株式時価上昇率上位10社には,本社を含むグループ企業4社が入っており,177-270%の上昇幅を記録してい

る．株式時価総額を基準にした「台湾上位100大企業集団」の6位（同総売上4位）に位置していることから，市場から極めて高い評価を得ていることがうかがえる[16]．

 同社はIT革命の流れを見定めながら，事業領域をハードウェア中心からインターネット，通信，ソフトウェア事業へ広げており，新分野への集中投資戦略が功を奏しはじめている．米国，欧州，アジアなど世界の主要国に製造・販売事業拠点を持ち，米国や日本のトップ・パソコンメーカーとの合弁や業務提携を積極的に進めている．99年初頭にIBMと戦略的提携関係（7年間）の構築に合意し，IBMのアジア地域における製造センターとなった．IBMからのキーパーツの買い付け，IBMへのTFT－LCD供給，R&Dにおける相互授権などの形で，単一企業として台湾史上最大規模の国際提携事業として注目された．

 台湾のトップ・パソコンメーカーとして，従来の日米大手パソコンメーカーのOEM，ODM中心の事業形態から脱皮，自社ブランドの創出に成功し，特に中南米市場ではIBMを抑えてトップのシェアを誇る存在となっている．パソコン組立生産では，ジャスト・イン・タイムならぬ「ファースト・フード・ビジネス・モデル」を構築した[17]．

 本社工場または本拠地をベースにした完成品組立・一括納品方式では，ユーザーの手元に届けられた時点で商品が陳腐化してしまうほど，市場や技術の変化が目まぐるしい．ファースト・フード・ビジネスからヒントを得て，ACER社はコストの削減と消費市場へのアクセスのしやすさを結合させた，最短の時間と鮮度で商品を提供できるような最適な組立ラインの立地，パーツの発送方法を内容とする加工・流通システムを構築することにより，付加価値最大化の追求における差別化を図ることができ，競争優位性を保ってきた．

 グローバル・ロジスティクス生産方式とも名づけられているこの生産システムの特徴は，以下のとおりである．製品の最終組立基地を主要市場（地域ブロック）別に設置し，現地市場ニーズに合わせて世界各地から必要部品を

調達し，組立出荷する生産方式である．ACER社はパソコン部品を①機種別の変化が小さい標準部品（ケース，パワーサプライ，FDDなど），②市場変化が激しく，内部供給できる主要部品（マザーボード），③市場変化が激しく，外部専門メーカーから調達する高付加価値品（CPU, HDD）の3グループに分けた，その上でそれぞれ異なる調達・輸送方法（第1グループは大量発注，在庫保有可で海運で対応，市場鮮度の高い第2グループは空輸補充，第3グループは最短距離の現地調達）をとり，徹底したコスト削減，合理的価格設定，品質安定，消費者嗜好に合った製品の適時供給を可能にした．最速の組み立てを保証するために開発された，あらゆるCPUに対応できるマザーボード設計技術とネジのないケースが応用されている．今日の自動車産業におけるモジュール化加工組立方式に類似するものと考えられる．台湾本社が「中央キッチン」にたとえられ，マザーボード，ケース，モニターの生産に特化し，世界主要地域にある各事業拠点が「ファーストフード・ショップ」として本工場や指定「食材メーカー」から配達（調達）されてきた部材をすぐに食べられる商品に仕立てていく[18]．

　このような生産方式とともに，同社の経営管理上の特徴の1つとして，多層的，縦割り型（hierarchy）の組織構造から徹底した分権型組織への変革をあげることができよう．同産業部門がおかれる激しい市場競争に対応すべく，意思決定のスピードが求められるため，グループ会社が創設した子会社，子会社が創設した孫会社（世界主要地域に分布する事業単位はすべて合弁形態を採っている）に大きな意思決定権を委譲し，親会社からの干渉を最小限にくい止め，全事業リスクも各組織が自ら負う分権型組織に移行させた．各事業単位同士が比較優位を生かして事業協力，特に専門機能に基づく分業関係にある場合は相互依存するが，外部のOEM業者（外注先）より効率・条件が悪ければ，各事業単位が取引相手を変えることができる．これらの意思決定の際，上部単位（従来の意味での本部，本社）の指示を仰ぐ必要はない．IBMなど主要パソコンメーカーを意識した競争戦略の必要上，各地域消費者，事業パートナーにアピールする（合弁事業の現地化イメージを向上させ

る)ための「陽謀」(陰謀の反語的用法.敵対者に気付かれないように策略を仕掛けるのではなく,あからさまな戦略で競争を挑むやり方の意.施会長の造語)である[19].

合理主義的な発想は米国型の経営管理理念と相通じており,その浸透は管理階層の教育的なバックグラウンドと無関係ではないと思われる.非製造部門の社員の約80%は米国の大学,大学院,あるいは企業に留学,勤務していた経験があるといわれ,米国式の経営思想,管理手法に精通している.採用人事にあたって英語を自由に操れることを条件としていることからも,これはうかがえよう.しかし,その一方で,「家族的な連帯」を強調し,従業員への愛社精神の植えつけにも努めている.現に,現会長と夫人は創業者として,そして大株主としてグループの経営に絶対的リーダーシップを発揮しながら,血縁関係者への事業継承の可能性を否定しており,米国式の経営思想と自国の文化に根ざした経営思想との調和を図っていることから,「中国式」や「台湾式」ではなく,「米国式」でもない「ACER式」の経営管理をしているのである.

(4) ポストPC時代の比較優位再構築の動向

各産業はそれぞれ独自の付加価値曲線を有するものである.参入障壁の高さ,累積能力の大きさが付加価値の水準を決定する.伝統製造業の代表的な業種である石油化学と製靴が相反する傾向を示している.前者は安い原料の仕入および単純な流通チャンネルが付加価値をほとんど生まず,大規模投資を要する精製加工段階で高い付加価値を生み出すのに対して,製靴業の場合,高いブランドイメージをキープし流通網を統制するブランド所有者が利潤を独占し,加工メーカーは低いマージンにあまんじなくてはならない.これらと違ってPC産業では,キーパーツを享受するが,マザーボードの生産,PCシステムの組立工程に特化したメーカーは低付加価値の域におかれている.PC産業発展の初期は組立工程の参入障壁が高く,付加価値が高かったが,参入業者の急増,競争の激化によって付加価値曲線の形状が変えられ,

図 6-1 伝統製造業の付加価値曲線

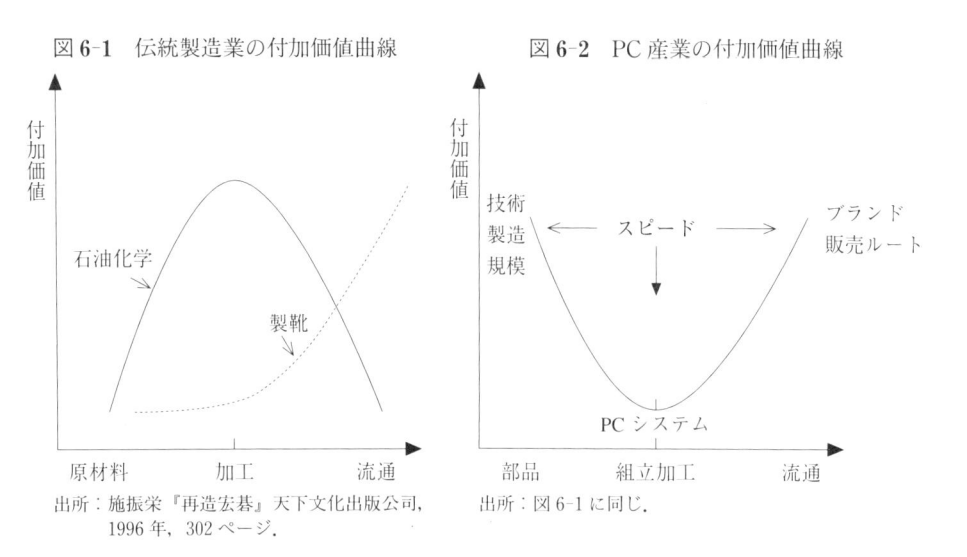

付加価値／原材料／加工／流通／石油化学／製靴

出所：施振栄『再造宏碁』天下文化出版公司，1996 年，302 ページ．

図 6-2 PC 産業の付加価値曲線

付加価値／技術・製造・規模／スピード／ブランド・販売ルート／PC システム／部品／組立加工／流通

出所：図 6-1 に同じ．

図 6-3 ポスト PC の付加価値曲線

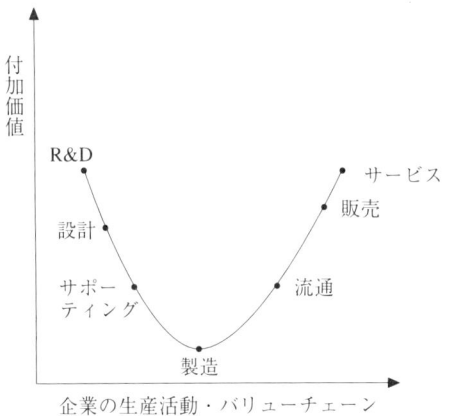

付加価値／R&D／設計／サポーティング／製造／流通／販売／サービス／企業の生産活動・バリューチェーン

出所：『天下雑誌』（台湾）1999 年 5 月 31 日，50 ページ．

マージンが低下してきたのである．前述のように台湾の PC 関連産業はその柔軟な分業システム，スピードの速さで世界の大手パソコンメーカーから周辺機器の加工，システムの組立（OEM 中心）を独占的に受注してきた．

インターネットが普及し,競争のグローバル化が定着するなか,これらメーカーはポストPC時代を見越した比較優位の再構築に直面し,情報通信産業のバリューチェーンにおける自らの適所を探索しつづけている.デル社が考案した新ビジネスモデルでは,主要メーカーがブランド,マーケティング,サプライチェーン管理に特化し,変化する技術市場需要に対応すべく,製品とサービス開発に要する時間の短縮と事業展開の速さを競うことで絶対的優位をキープしようとする.自前工場を保有する必要がなく,グローバル的に最も効率の良い工場にOEMすればよい.サプライチェーンの各段階にその領域で最も競争優位を有する企業が選定され,統合戦略に加えられる.かつてライバルであった企業も同一チェーンに組み込まれうる.こうして各協力企業があたかも同一企業の一部門のように振る舞うため,バーチャル統合(Virtual Integration)またはバーチャル企業(Virtual Enterprise)と称される.利益をめぐる「ゼロ・サムゲーム」から,相互補完によるビジネスチャンスの創出,共同受益へと,ビジネスのルールが変わってきた.

ACER社のような独自のブランドを持つ総合電子メーカーがこのような競争ルールの変化に神経を尖らせ,PC時代に周辺機器のOEMで成長した多数の電子メーカーも,ネットワーク時代における新しい事業機会の捕捉,大手情報通信メーカーの新たな提携戦略の模索に力を入れている.

4. 機械産業における台湾系資本の競争力評価

(1) 自動車部品産業の現状

1) 強い対日依存関係

台湾の各完成車メーカーはいずれも,先進国の主要メーカーと長期的な技術提携関係または合弁関係を構築しており,これらから特定車種の技術移転を受け,主要部品を輸入して加工生産してきた.なかでも,日本の自動車メーカーに対する依存度が高い.主要12社中,10社が日系メーカーと協力関係にある.台湾経済部工業局は,高度な分業によってコストダウンや品質向

上を実現した日本自動車産業の下請けシステムを高く評価し，台湾自動車産業の競争力を高めるために，下請けシステムの導入を推進してきた．部品産業も完成車メーカーへの安定供給（OEM）体系を形成し，当局規定の国産化率を達成するために，関係メーカー系列の多数の部品メーカーと提携・合弁戦略を採ってきたのである．

　台湾自身の市場の狭さから，輸出志向型の工業化政策を自動車産業にも適用し，台湾を輸出加工基地に仕立てるとの産業発展戦略は，必ずしも目標を達成していない．自動車部品の貿易構造を分析すればわかるように，輸入では完成車メーカーや主要部品セットメーカーの外資依存体質が反映されており，対日輸入が全体の70％強を占め，ドイツ，韓国，米国などが続いている．輸出面では，対米はトップのシェア（約40％）を占め，香港は２位で約10％弱（大半は対中国本土輸出分と推測される）．対日本は３位にとどまり，前年度同期比－20.35％で，輸入シェアに比して，大幅な格差が生じている．

　主管官庁は自動車部品産業における対日貿易格差の解消策として，提携先メーカーに対して当該メーカーからの輸入総額の一定割合相当の台湾製部品の買い取りを求めてきた．一定の改善が見られながら，98年上半期現在，

表6-7　各国の自動車産業競争力評価

国・地域名	完成車品質水準	完成車価格水準	部品品質水準
台湾	可	1.3〜1.4	良
米日欧	優	1	優
韓国	可	0.9	良
マレーシア	可	1.5	不可
タイ	可	1.5	不可
オーストラリア	可	0.9〜1.0	優
南アフリカ	不可	1.04	可
メキシコ	可	0.9	良
ブラジル	可	0.9	良

　注：完成車価格は欧米日を基準１とする．
　資料：台湾経済部工業局，1998年．

台湾主要メーカーによる対日輸出と対日輸入の比率は 11.8% で，業界全体の割合は 8.2% にすぎない．

2) 台湾自動車部品産業の競争力評価

市場特性，原価構成，技術水準をもとにした台湾対外貿易協会の調査分析によれば，国際的に競争力を有する台湾製の自動車部品として EMS，ABS，エア・バッグ関係などの主要部品を除く 42 項目があげられている[20]．

台湾自動車産業の競争力評価について，台湾経済部工業局が表 6-7 のような資料を公表している．

完成車と部品の品質水準は 4 段階評価で，先進諸国（日米欧）の主要メーカーの水準を最上位とすれば，台湾はそれぞれランク 3 とランク 2 に位置し，価格面では比較的劣っている．原因はキーパーツの輸入依存，人件費の向上，台湾元高にあり，これらが価格競争力を弱めたのである．多数の汎用部品メーカーを東アジア，特に中国投資に走らせたのも，まず価格競争力のハンディに起因していると思われている．

(2) 台湾自動車部品産業が直面する諸課題

台湾工業研究院機械工業研究所と自動車工業組合が数回にわたる実態調査を行い，台湾の自動車部品産業が抱えている諸課題を分析し，主管官庁の経済部とともに，産業発展の方策を探ってきた．主要課題として次のものが提起されている．

表 6-8 台湾主要自動車部品の供給源分布

供給源 \ 類別	エンジンと関連部品	伝動，転向系統ブレーキ関係	ボディー・車台関係	内装・外装関係	合計
外国からの輸入	180	132	5	22	349
台湾部品メーカー	169	261	65	193	680
台湾完成車メーカー	22	0	0	0	22

出所：台湾工業研究院機械研究所によるアンケート調査，『両岸汽車及零組件専題研究』（財）工業技術研究院，1997 年，5 章 69 ページ．

1) 規模の経済の達成を困難にする市場構造

　まず，土地面積の狭さと人口密度の高さ，道路や駐車場などの交通インフラ整備条件の制約を受け，市場規模の大幅な拡大が期待できない．各完成車メーカーは，労賃の上昇，環境関連コストが増大するなか，同時に多車種の生産を手がけ，多品種少量生産の体制を維持していることから，規模の利益を十分に享受できず，台湾製自動車の国際価格競争力を失わせてしまい，台湾市場中心の販売を強いられる．さらに両岸はWTOの加盟も目前に迫っており，市場開放，関税引き下げ，国産化率制限の撤廃も避けられなくなる．韓国市場も飽和状態で，国際市場における競争が激しさを増し，開拓が極めて困難な現状では，完成車メーカーも部品メーカーもキャパシティの拡張ができない．

　1995年から99年までの5年間，市場が低迷しており，主要11社の完成車メーカーによる生産・販売台数が40万台を超えたのは95年と98年の2年だけで，99年にともに35万台に下がっている．操業不足が慢性的に続いており，99年度の設備稼働率は平均50.11%にとどまっている．50%超のメーカーは中華自動車，国瑞自動車，裕隆自動車の3社だけで（それぞれ82.77%，70.18%，56.50%），15%未満のメーカーは5社もあった．部品メーカーも同様の状態に陥っている．

2) 研究開発能力の不足

　台湾の自動車汎用部品の品質水準も製造能力もともに高いが，全体設計能力と研究開発能力の不足が部品産業の発展のひとつのボトルネックとなっている．エンジン，燃料システム，自動トランスミッション等の主要部品は依然として技術提携先の外国メーカーに依存しており，外販計画もそれらメーカーから制限を受けている．

　部品全体の国産化率は約7割に達しているが，キーパーツは外国メーカーへの依存度が高い．また部品メーカーの研究開発投資対売上比は徐々にあがってきており，7割強のメーカーは4%以下で推移してきている（表6-9参照）．

表 6-9　台湾自動車部品メーカーの R&D 投資売上比

年＼売上比	2%以下	2-4%	4-6%	6-8%	8-10%	10%以上
1994	48.39	19.35	8.06	0.00	1.61	0.00
1995	46.77	20.97	4.84	3.23	1.61	0.00
1996	40.32	37.10	4.84	1.61	3.23	1.61
1997*	32.26	38.71	8.06	0.00	3.23	3.23

注：＊1997 年の数値は予測値．
出所：表 6-8 に同じ，5 章 18 ページ．

3）　国際マーケティング力の不足

　台湾系中小企業の活力の高さ，旺盛な企業家精神がしばしば指摘され，経営環境の変化に適時に順応し，海外への積極的投資，市場開拓を繰り広げてきたことは注目を集めている．自動車産業の場合，完成車メーカーが海外提携メーカーによる厳しい統制を受けているため，部品メーカーの育成も大きな制約を受けるようになっている．台湾には計 2,000 社強の部品メーカーがあり，そのうち約 300 社が OEM の資格を有しているのに対して，大半のメーカーはメンテナンス向けのスペア部品の生産，供給を主業務としている．これは完成車向けのセット部品ほど品質水準の要求が厳しくなく，価格弾力性が働きやすい．したがって，量産規模を誇る韓国や加工賃の安いインド，中国の部品産業との競争にさらされる．

　こうした厳しい課題を抱えながら，円高傾向の定着，世界の主要自動車メーカーによるアジア・太平洋地域での新分業体制構築の動きもあり（日産自動車が裕隆自動車を東アジア地域における部品供給基地に指定，フォードの 2000 年プランが台湾を部品生産基地として認知，GM 社が台湾でアジア・太平洋地域における部品開発センターを設立する計画の公表など），既存提携・合弁相手の戦略に適合する指針を打ち出せれば，部品産業にとってビジネスチャンス拡大の転換期を迎えられると，政界，業界は大きな期待を寄せている．

(3) 協力体制構築におけるメーカーの役割とその投資動向
1) 台湾主管官庁による中国への投資戦略構想

　両岸には厳しい政治的対立関係がありながら，経済的な相互補完関係を強め，大陸側の対外経済開放政策に適合する形で，台湾系資本による大陸投資が急速に進展してきた．投資業種，地域，規模のいずれも拡大しつつある一方で，台湾当局による投資規制策が功を奏していないことも様々な調査報告で明らかにされている．自動車産業を取り巻く環境，条件の変化をとらえ，台湾の主管官庁は海峡両岸間における分業関係の構築を模索している．このような動きは経済部が打ち出した「台湾自動車産業赴大陸投資戦略」や，主要メーカーによる対中直接投資の具体的動きによって裏付けられている．

　公表された構想は要約すれば次のようになる．①低廉な労働力，豊富な天然資源，大きな内需市場，政府による緩やかな基礎加工業投資規制，諸外国からの国際貿易優遇条件の享受などの大陸側の比較優位条件を生かした，コストダウンと市場拡大戦略の同時遂行．②完成車メーカーの本社工場の規模拡大，両岸間における垂直分業の展開（大陸側に一部生産ラインの移転）を積極的に推進することによって，自動車工業の発展を促進する方策の策定．③分業形態は水平分業（一部車種の組立工場の新設），垂直分業（部品生産，

表6-10　両岸間部品産業の分業形態

項　目	自動車キー部品	自動車汎用部品
設計・開発	★	★
原材料調達	■	■
金属加工 （鋳造・鍛造・溶接）	■	■
機械加工	★	■
熱処理または表面処理	★	■
組立（測定を含む）	★	■
パッケージング	★	■
マーケティング	■	■

　　注：★台湾側主導，■台湾側主導または大陸側主導．
　出所：台湾経済部工業局，1998年．

組立関連投資）方式をともに認可する．

すでに裕隆グループの中華自動車と裕隆自動車は下請け部品メーカー30数社を連れて，福建省に独自の完成車組立ラインを構築し，稼働している．主要部品メーカーグループの大半も中国に足場を築いた．大陸を加工基地としてだけでなく，市場としても重視しはじめた投資戦略が採られている（表6-10参照）．

　2）　日系企業との連携

経済環境が激変するなかで，日本の自動車産業においては系列崩しが進められ，米国，欧州の主要自動車メーカーだけでなく，トヨタ，日産も世界最適調達方式（下請けシステムの維持に見られる系列重視姿勢から，品質・価格・納期を考慮した調達対象の全世界範囲での選別体制への転換）を実行しはじめている．日系の自動車部品メーカーも積極的に海外での拠点立地に向かいはじめた．

台湾経済部の報告書が示すように，96年の時点で台湾に進出した日系台湾部品メーカーのうち，すでに10数社が中国に進出している．中光ゴム（鬼怒川ゴム），開発工業（昭和製作所），台裕ゴム（豊田合成），尚志精機（日本精機），統一工業（日本電池），協祥機械（双葉電機），華淵電機（マブチモーター），士林電機（三菱電機），台湾厚木（厚木自動車部品）などである．台湾系企業を媒介にして，北東アジアにおける自動車部品の生産，供給の新たなネットワークが構築されはじめている動きとして興味深い．

日中韓各国の自動車部品産業が世界的な競争を生き抜いていくために，比較優位を生かし，それぞれの得意分野で世界的視野に立脚した部品調達体制を新たに構築することが求められるなか，台湾部品産業界との提携も模索されていくと思われる．台湾資本を媒介役とする提携方式が考えられ，①台湾での共同部品開発・生産により台湾を部品供給センターとしている欧米日の組立メーカーの需要対応，②中国を生産基地とする場合の運営管理機能，③中国における自動車市場の拡大に備え，マーケティング戦略展開の担い手として台湾系資本に期待することができよう．

5. 伝統製造業にみられる構造調整

　第5章第3節では，香港を媒介にした両岸間の経済依存関係が強化される様相を貿易，直接投資，統計を通じてみた．台湾系製造業資本に適する投資先として，台湾経済部工業局はしばしば調査報告を公表してきた．中国本土に対し，労働力の充足度，労賃水準，土地コストなどの労働集約型産業に適する諸条件で最も高い評価を与えているほか，裾野産業の蓄積や投資優遇，投資制限条件，管理意思伝達の面でも比較的高い優位性を認めている．台湾経済建設委員会の分析によれば，両岸間の賃金格差は大きく，台湾製造業従業員の平均月給を100とすれば，広東省郷鎮企業はその4.21％，上海の外資系企業はその10.52％，内陸の国有企業はその3.89％に相当する低さであるという[21]．中国では地方間人口移動に対する規制が一定程度緩和され，潜在的失業者を抱える地方政府が雇用確保を最優先させる思惑が働いているため，人手不足，高労働コストに悩まされてきた台湾系製造業資本が大陸側の労働集約型産業に参入する条件が整っていたのである．

　輸出主導型の工業化政策のもとで成長し，輸出主力商品を長年供給してきた伝統工業部門は投資環境の悪化により，多くの業種が比較優位の喪失，国際競争力の低下による生存危機にさらされ，海外移転が生き残るための主要手段の1つとして選択されてきた．川下の業者の流出が原材料，中間財を供給する川下関連産業の追従を促し，島内生産減，雇用減，外部依存度増に象徴される「産業空洞化」論が近年浮上してきた．雇用を見るかぎり，第3次産業の増加とは対照的に，製造業の減少が目立っている．代表的な輸出産業の1つであるアパレル産業は，1991年から5年間に約3万4,000人の雇用を削減した[22]．

　台湾の伝統産業の構造変化については，蔡光第論文が優れた示唆を与えてくれる[23]．①伝統産業の集中的な生産衰退が国民総生産に占める製造業のウェイトを持続的に引き下げ，輸出の95％超が製造業に属する経済にとって

不利な影響を及ぼしていること，②技術集約型産業の過度な集中発展が不景気に対する抵抗力（適応能力）を弱めること，③技術構造の相違により伝統製造業の雇用減がその他の産業部門によって完全には吸収されずに深刻な失業問題を引き起こすこと，などの視点から小分類産業部門の生産構成，市場構成の変化を分析し，構造調整に対して彼は積極的な政策提言を試みている．

蔡による統計分析で世界経済が回復を見せた1991年から95年までの5年間に，総生産高が低減する製造業種が析出された．第4分類175業種のうち37業種のウエイトが，1986年の22.08％から1991年の14.44％に，さらに1995年の7.69％に激減したことが判明した．年平均成長率が－56％の布靴，－32％のゴム靴，－24.99％の籐製品をはじめ，2桁のマイナス成長を継続的に記録した業種は19種に及んでいる．また，総輸出に占めるウエイトも1986年の36％から1991年の22％，1995年の8.82％へ急落したのである．2桁のマイナス成長率が布靴の－61％，籐製品の－36％をはじめ，24業種に及んでいる．衰退産業のなかでも内外販売比率（台湾市場対輸出市場の比率）の変化は異なり，輸出比率が低下した業種は22，増大した業種は15となっている．前者は内需開拓に一定程度の優位性を示し，後者は原来絶対的な保護を受けてきたが市場開放に伴う輸入品との競争を強いられるようになった業種（タバコ，酒造）か，技術改良により依然として一定の国際競争力を維持できる業種（毛皮製品）である．以上の調査分析を踏まえて蔡は次のように政策提言をしている．まず，政府当局は投資環境を改善し，研究開発資源の伝統産業への配分増大，技術水準向上による高品質製品の国際市場への投入を誘導することによってこれら業種の構造高度化を促進できる．それから規制緩和を進め，サービス業輸出を可能にすることによって，伝統産業の衰退がもたらした産業構造の歪み，経済成長へのマイナス影響を緩和することができる．

中小企業が終始主導的な役割を果たし，輸出主導型の工業化路線で成長を遂げてきた台湾経済は，財閥型大企業中心の韓国経済としばしば比較される．個人主義志向の強い民族性（大企業のサラリーマンよりも自ら事業を創業し

たがる強い独立志向),特殊な国際政治環境(冷戦時代に中国本土との分断の下で米国による軍事・経済支援),当局の政策誘導(輸出産業育成)のもと機動性に富む経営組織と欧米市場に対する効果的アクセスにより,多大なビジネスチャンスをつかみ,発展してきた.上述の伝統産業は中小企業の利点が遺憾なく発揮されてきた事業分野で,その衰退も経営環境の悪化,国際競争条件の変化をいち早く察知し,事業立地を再調整した結果といえる.したがって対大陸投資の集中も「小回りの利く小舟」(中国語で船小好調頭)である中小企業事業転換の一環であると認識できる.80年代以降における日本,韓国の主要大手企業のアジア事業ネットワークの形成とともに,台湾系資本による幅広い拠点展開,なかでも政治的対立が厳しい中国大陸への投資集中が注目されているゆえんである.

むすび

　本章では台湾系製造業資本による生産システム構築の特徴を,特に構造調整のなかで世界的ITブームに乗って競争力を増してきた情報電子産業,および経済環境の激変に対応するため海外移転を強いられた伝統製造業のケースを中心に分析した.台湾資本の国際的展開における中国大陸との関係,つまり生産システム構築における中国大陸やその資本の位置づけをもあわせて探った.頻繁な創廃業,市場変化に合わせた生産調整の柔軟性が適時な産業構造調整を促進してきたことに,台湾系資本および台湾経済の活力を評価することができる.その分業関係は固定的ではなく,臨機応変の要素が強いため,長期取引重視の日系資本からは否定的に受け止められるであろう.また「永続経営(going concern)」の視点からみると,単一企業の平均寿命が比較的短く,廃業・倒産社数が多いことはその創業者,経営者の事業経営にマイナスの評価を与えることにもつながる.

　経営学の視点からは,台湾系製造業資本のビジネススタイルを華人系資本全般に一般化することは困難なように思う.そもそも海外に散在する華人系

資本はその誕生・発展の歴史的経緯を異にしていることや，居住国・地域の政治的・社会的・経済的環境の制約のもとで変化を遂げてきていることから，事業領域は無論のこと，ビジネススタイルも多様性を呈するようになってきている．その「中国的」または「華人的」共通性を抽出する作業も極めて困難になっている．逆に台湾社会には中国伝統文化が浸透し，中国系政権の統治下にあった（イデオロギー的論争を度外視するが）ことから，その企業経営文化も「中国的」色彩を持つはずと想定して，実態調査による検証が可能と考えることも妥当である．

　全般的に海外華人系資本は製造業に弱い．依然として民族差別政策が厳しい東南アジアの一部の国において，現地社会への帰属感が育ちにくいため，資本活動も投資回収の早い業種（貿易，流通，金融業など）に限定されがちで，資金が拘束される大規模製造業，特に装置型の製造業に向かわない．したがって，「商業資本的」というレッテルを貼られやすいことは否定できない事実である．自由港としての香港・シンガポールの華人資本もその特殊な経済構造の制約上，やはり類似点が見られる．地価や労働力の制限を受け，中国本土の開放政策の実施とともに多くの香港資本が珠江デルタにおいて製造業を興した．輸出志向型の工業化政策を強力に進めた台湾については，産業振興，経済構造転換を図る政策が製造業を重視したことに加え，活用可能な外部市場の存在によって成功を収め，製造業資本に広い生存空間が生まれたと認識できる．手厚い保護がなく，国際政治環境も厳しいなかでの経済的自由競争の環境が，結果として中小企業の成長を促した．

　伝統産業における台湾系資本は依然として広く「家業」，「同族」経営の形態をとっている．中小資本は無論のこと，企業集団化した財閥系資本は子弟への事業継承が完了したか進行中である．家父長的な意思決定方式，保守的な財務構造は海外華人とともに共通に見られる特徴である．台湾プラスチック，裕隆，遠東などのような大手製造業資本にも，中信商銀，エバーグリーン，新光，林園などの大手サービス業資本にも例外は見られない．

　この点は華人系資本に共通する伝統文化要因に帰するものとして解釈され

うる．海外華人についてはこれらに加えてその不安定な環境が身内しか信用させず，保守的だが，状況変化に柔軟に対応する姿勢を取らせつづけてきた要因と解釈することができる．逆に，上述の IT 産業に属する台湾資本を今後このような視点で分析できるか，興味深い課題である．ACER のような中小ベンチャー企業から出発して大手メーカーに成長したケースでは，創業者が現役の会長を務めており，大株主でもあるが，事業の性質から能力より血縁のみで後継者を決定することは考えにくいし，彼ら自身も口癖のように同族経営スタイルを批判している．業種の特性に加えて，欧米留学や多国籍企業勤務の経験が彼らの価値観変化を引き起こしているとも解釈できるが，伝統産業または旧財閥系資本の経営権を引き継いだ創業者の子弟たちも同様に欧米留学組であるにもかかわらず，独立の道を選ばず，堅実に経営を遂行しているケースが少なくないことから，どちらに収斂していくか，すなわちどちらがより普遍的な経営様式になっていくかは，長期的な検証を要しよう[24]．

　取引における「関係」や人脈の重視（いわゆるネットワークビジネス）が「三縁」（血縁，地縁，業縁）に代表される身内重視の表れではあるが，情報系企業にあっては業縁，学縁びいきが見られる．欧米の大手企業における勤務経験が創業を促し，その後の OEM 関係の構築に生かされている．これは台湾の中堅以上の情報電子系企業にも普遍的に見られる現象で，早期創業の数社から共同創業者がスピンアウトの形で独立し，元いた会社と新たな OEM などの事業協力関係を持続しながら成長するケースである．これら企業のトップ経営層同士の関係をたどれば，なんらかのつながりを有していることが，その社史や年報，業界紙の報道で広く知られる．

　情報電子産業など設備投資が巨額な分野では，政府主管当局による政策支援が功を奏しただけでなく，日本や米国系企業との積極的な合弁や提携戦略が幅広く組まれたため，それが企業の信用増につながり，投資リスクを分散・低減させていることも無視できない．パソコン産業大手の ACER や伝統産業の台湾プラスチックといった成功した企業のカリスマ的創業者が独自

の企業文化を強調する傾向が見られ，台湾経済を底辺で支えてきた個々の中小企業が必ずしも明確な経営システム，企業文化を確立していない現実から，一般化できる「中国的経営」，「台湾的経営」を結論づけるのは時期尚早かもしれない．

注
1) 官公庁による中小企業に関する公式調査では，長い間規模尺度として従業員数が用いられ，200人以下，100人以下，50人以下などまちまちであった．最近の調査では，1995年に公布された行政院経済部制定の「中小企業発展条例」による資本金規模指標が用いられるようになっている．それによれば，「「中小企業」とは，法に依拠し会社登記または商業登記を行い，かつ下記基準を満たす事業のことである．①製造業，土木建設業，鉱業，土石採取業については，資本金6,000万NTD以下のもの，または経常的雇用者数が200人以上の企業，②農林漁牧業，水道・電力・ガス業，商業，運輸・倉庫業，通信業，金融業，不動産業，企業向けサービス業，社会サービス業，個人サービス業については前年度の総売上8,000万NTD以下のもの，または経常的雇用者数が50人以下の企業」となっている．
2) 戦後台湾の経済開発について，次の文献を参照．于宗先『台湾的故事』台湾行政院新聞局，1998年8月．涂照彦『東洋資本主義』講談社新書，1993年．
3) 1999年8月に韓国現代自動車系列の部品メーカーをヒアリングした際，親メーカーによる締め付け（系列外取引制限）の強さが語られていた．
4) トヨタと合弁関係にある和泰自動車，中華経済研究院の中小企業研究専門家へのヒアリングでこう指摘された．
5) 自動車産業を例にとれば，主要自動車組立メーカーおよび主要セット部品メーカーのいずれも外国提携先の車種を組立生産するのみで，主要部品もこれら親メーカーへの依存度が高く，提携・合弁元の親会社との系列関係が重要視されているが，現地部品メーカー育成・一貫取引体制の構築が制約を受けている．約2,000社の部品メーカーが存在するが，完成車メーカーに対するOEM資格を有するメーカーは約300社で，残りは汎用部品の生産供給を主業務としている．中小部品メーカーは投資コストの上昇で，海外での加工輸入または価格競争力を有する海外部品の購入に走っているという．
6) 台湾経済部刊行『中小企業白書』1999年版，215ページ．
7) 同上，216ページ．
8) 産業構造調整下における伝統製造業の衰退の様相，企業家の対応策の動きについては，拙稿「両岸三地間における経済依存関係の強化と産業空洞化構図」『東アジアへの視点』（財）国際東アジア研究センター，1997年12月号，62-76ページ参照．

9) 台湾経済研究院提供の雇用統計資料.
10) 台湾でも労働者の権益保護のため最低賃金，福利厚生条件に関する新法規が公表されたばかりで，労働側と雇用側の今後の対応が注目される.
11) 『天下—1000大特刊』（台湾）1999年5月号.
12) 『商業週刊』（台湾）1999年5月31日号，78ページ参照.
13) パソコン産業における下請けシステムについて，アジア経済研究所の川上桃子氏の優れた調査報告を参照されたい．川上桃子「企業間分業と企業成長・産業発展」『アジア経済』1998年12月号，2-28ページ．
14) 上掲川上桃子論文，および台湾経済部編『中小企業白書』1998年版を参照．
15) 台湾の情報通信機器関連メーカーが行っている中国大陸広東省珠江デルタへの集中投資が，こうした生産システム構築の典型的な動きである．情報関連産業は対中国投資禁止業種に指定され，規制対象となっているが，主要大手加工組立メーカーはこぞって工場を作っている．2000年3月の東莞市，深川市へのヒアリング調査で集積効果の一端をうかがうことができた．上場企業でスキャナー，マウスのOEM大手の致伸電子，スイッチ電源では世界トップメーカーの台達電子などが複数の工場を稼動させているのをはじめ，同業種の台湾系企業850社が集積している（3,800社のうちの2割強）．致伸電子の現地法人である東聚電業公司の葉社長の説明によれば，IC関係以外はすべてのパソコン部品をごく短時間に集めることができるという．スタッフは家族同伴で常駐しており，台商子弟小学校の開校も認可された．香港新空港へは直行バスが運行している．珠江デルタ他地域よりも交通インフラ，行政効率が高い．
16) ACER社の成長については，創業者の自伝が詳しい．施振栄『再造宏碁』天下文化出版有限公司，1996年．
17) 同社生産本部長の頼氏の説明による．
18) 同上ヒアリング，および同社提供の資料を参照した．
19) 前掲，施振栄，271ページ．
20) ボディ関連ではライト，バックミラー，安全ベルト，シートレール，座席調整弁，ボンネット・キャップ，ドア，トランク・キャップ，オイルタンク，シャッシー，フロントガラス，配線ユニット，ブレーキ・ハンドル，ボルトなど16項目，エンジン回りでは，ピストン，バルブ，ファンベルト，マフラー，消音器，ポンプ，スターター，バッテリーなど13項目，車台関係では，ホイルベース，ブレーキパッド，ブレーキポンプ，クラッチポンプ，減震器，タイヤ，転向軸，トランスミッション歯車など13項目があげられている．
21) 台湾研究所編『台湾総覧』台湾研究所，1995年，588ページを参照．
22) 台湾行政院労工委員会『労働統計月報』，経済部第二局『95年紡績工業統計』を参照．
23) 蔡光第「伝統産業構造変遷興発展問題分析」『台湾経済研究月刊』1996年8月．台湾経済部統計処『工業生産統計』．

24) これについては,「特集・企業第二代接班経営成果大調査」『商業週刊』(台湾) 1999年1月4日が価値のあるデータを提供している.

第7章
アジア金融危機と華人系資本

1. 問題提起

　東アジア諸国は発展段階に相違があるにせよ，70年代以降持続的な経済成長を遂げてきた．規制緩和と金融自由化という大きな流れのなかで，自国通貨と米ドルとをリンクさせるペック制（固定相場制）をとることによって為替安定を図り，外国資本（直接投資と間接投資を含む）を積極的に導入する形で輸出志向型の工業化策を推進した成果に負うところが大きい．それ以外の要因としては国民の高い貯蓄性向，勤勉性，政府の健全な財政運営等がしばしば挙げられてきた．

　ところが，世界的に注目を集めた香港の主権返還が行われた直後の1997年7月2日，タイ政府が投機的バーツ売り攻撃に耐えきれず，バスケット制から変動相場制への移行とIMFに対する支援要請を発表したのを契機に，いわゆる通貨危機の波がフィリピン，マレーシア，インドネシア，韓国に押し寄せ，これら諸国の通貨，株価暴落をもたらし，一部の国では政治不安を結果したのである．ねらい打ちされた香港ドル防衛のため，香港金融当局が史上初の超高金利政策による為替介入を行った結果，株価暴落を引き起こし，世界同時株安の引き金となった．「世界成長センター」から一気に「世界不況の震源地」へ，また「東アジアの奇跡」から「幻のアジア経済」へと，東アジアに対する評価が180度変わったのである．

　程度の差はあるが，危機に見舞われた各国は通貨，株価の暴落とともに，

地価も下がり,いわゆるバブル崩壊の様相を呈し,マイナスの経済成長と大量失業を経験した.外資の急速な撤退が外資不足を生じさせたこと,そのためIMFに緊急融資支援を要請せざるを得なくなったこと,融資条件として国内の金融システム改革,経済構造改革を強いられたことに共通する特徴が見られる.

金融危機が発生した諸国は華人系資本が積極的に活動している地域である.本章では,まずアジア通貨・金融危機発生の背景およびマクロ経済への影響を概観し,次いで華人が居住する国において華人系資本が被った影響や採られた対応措置を,一部の公開資料や現地調査を踏まえながら,いくつかの側面から分析する.最後に今度の危機発生が華人系企業経営に示唆する意味を述べたい.

2. 金融危機発生の原因をめぐって

表7-1は金融危機の影響が深刻な国が受けた外貨融資の内訳を示す.国際

表7-1 金融危機と国際資金支援

被支援国	実施時期	国際金融機関	その他	総額
メキシコ	1994年12月	IMF 180億 BIS 100億	各国政府240億	520億
フィリピン	1997年6月			10億
タイ	1997年8月	IMF 52億 世界銀10億 ADB 10億	各国政府100億	172億
インドネシア	1997年10月	IMF 100億 世界銀45億 ADB 35億	各国政府150億	330億
韓国	1997年11月	IMF 210億 世界銀100億 ADB 40億	各国政府220億	570億

出所:韓国経済新聞,1997年12月4日.

金融機関のほか，先進国や一部経済関係の深い国による政府支援も加わっている．これら融資は主に短期債務の支払いや貿易信用の補助にあてられる．IMFの支援には厳しい付随条件があり，政府による国内特定産業保護の撤廃，緊縮財政，金融機関の整理，企業経営の透明性確保等が盛り込まれている．おまけに東アジア経済危機は，政治と経済の癒着を特質とするクローニー・キャピタリズム（もたれ合い資本主義）に原因があるとの不名誉なレッテルまで貼られたのである．

　このIMFスキームは，ショック療法ではなく逆に東アジア諸国の経済混乱を加速したとの批判もある一方，金融通貨危機を発生させた構造的な課題が当事国に存在していたことも事実である．危機原因説として，「ファンダメンタルズ悪化説」（規律を欠いた経済運営の結果，ファンダメンタルズが悪化し，通貨投機を誘発して，固定相場制の放棄に追い込まれる説），「金融的モラルハザード説」（政府による金融機関債務保証措置が海外からの大量の資本流入を引き起こし，通貨投機発生を誘発する説），「伝播効果説」（危機が危機を呼ぶ連鎖効果，不安心理を原因に通貨危機が広がるとの説）等が打ち出されている．危機発生まで，『東アジアの奇跡』（世界銀行報告書）をはじめとする東アジア経済発展に関する議論は，当地域のGDP成長率，貿易成長率，貧富の格差の是非，インフレ率などのマクロ統計を踏まえた上でのものであり，その

表7-2　グローバリゼーションの指標と東アジア

（単位：％）

	1人当たり実質GDP成長率 1991-95	1人当たり輸出成長率 1991-95	外国直接投資／GDP 1993-95	その他民間資本移動／GDP 1993-95
東アジア	8.0	14.1	3.1	2.5
南アジア	2.2	8.4	0.3	1.2
高所得国	1.2	5.0	0.6	0.4
中南米	1.1	7.2	1.1	2.0
中東・北アフリカ	−0.2	0.4	0.4	0.3
サハラ以南アフリカ	−1.5	−1.6	0.9	0.1
欧州，中央アジア	−7.7	1.0	1.4	2.1

出所：World Bank, *Global Economic Prospects and Developing Countries*, 1996.

持続的成長に代表される良好なパフォーマンスを裏付ける要素として本章の冒頭の諸要因が挙げられたのである．危機発生前後でも，成長を支えてきたファンダメンタルズは悪かったわけではない．むしろ，アジア地域経済の対外依存度（貿易や投資資金のいずれも）が高く，対外債務のGDP比指標と対外短期債務の外貨準備高比指標を見比べると（表7-3），明らかに受難国はその他影響の軽度な国・地域より高い（悪化している）ことがわかる．急激な短期資金の流出入が引き金になったことが検証されている．すなわち危

表7-3　アジア諸国の経済指標比較（1996年）

(単位：%)

	影響を受けた国					影響を受けなかった国・地域			
	タイ	インドネシア	韓国	マレーシア	フィリピン	香港	シンガポール	台湾	中国
実質GDP成長率	5.5	8.0	7.1	8.6	5.7	4.6	6.9	5.7	9.6
消費者物価上昇率	5.9	7.9	4.9	3.5	8.4	5.2	1.4	3.1	6.1
通貨供給量増加率	12.6	27.2	15.8	20.9	23.2	12.5	9.8	4.7	25.3
財政収支（GDP比）	1.6	1.4	0	4.2	▲0.4	2.2	8.4	▲6.6	▲1.5
経常収支（GDP比）	▲7.9	▲3.3	▲4.7	▲4.9	▲4.7	▲1.1	15.7	4.0	0.9
輸出額伸び率	▲0.8	9.7	3.7	6.0	18.3	4.0	5.8	3.8	1.5
外貨準備（輸出月数）	6.2	5.1	2.7	4.1	3.7	3.9	7.0	10.3	9.3
対外債務（GDP比）	49.3	56.7	21.6	40.1	49.2	15.6 (94年)	11.1 (95年)	10.3 (96年)	9.3
対外短期債務比率	41.4	25.0	58.3	27.8	19.3			72.5 (95年)	19.7
対外短期債務／外貨準備	97.4	165.7	159.5	39.7	68.0	22.4	2.6	21.3	22.7
通貨価値の対ドル下落率	▲41.4	▲83.7	▲35.6	▲38.9	▲37.2	0.0	▲15.6	▲19.1	0.1

注：タイからフィリピンまでの5カ国の97年の「対外短期債務／外貨準備」について，BIS年次報告（1998）は次のようなさらに高い数字をあげている．タイ（153%），インドネシア（182%），韓国（214%），マレーシア（62%），フィリピン（88%）．
「通貨価値の対ドル下落率」は97年6月から98年6月の数値．
出所：荒巻健二『アジア通貨危機とIMF』日本経済評論社，1999年，92ページ．
原資料：大蔵省ホームページ，IFS（IMF），Key Indications（ADB），BIS年次報告，Bloombergより作成．

機発生国には，外国からの短期投資または外債への過度な依存が，危機を招いたことが共通に見られる[1]．

3. 華人系資本が被った影響

(1) 再びスケープゴートにされたインドネシア華人

　海外華人の主要居住地で発生した金融危機は，インドネシアでは政治危機を誘発し，現職大統領の辞任，華人系商店の略奪，放火，華人系住民への暴行，惨殺事件に発展した．これは ASEAN の華人に，60 年代のマレーシア，インドネシアにおける華人排斥事件の記憶を呼び起こさせるのに十分な衝撃であった．

　オランダ，ポルトガル植民地主義支配の数百年の間，宗主国支配者は白人－華人－土着民からなる民族分断統治のための「サンドイッチ」構造を作りあげた．華人の職業は流通業・商業の経営と徴税代理業務に特化され，「間接統治者」のイメージが土着民に植えつけられた．華人の経済力が上昇し，脅威に感じられると，植民地主義者からの弾圧を幾度も受けた．第 2 次大戦後独立するが，土着政権が樹立されると華人に対して強制同化策を採りはじめ，中国語の使用，華人系学校の経営，華人系社会団体の組織をすべて禁じるようになった．数百年にわたる民族間の怨み，軋轢が，戦後経済発展における政商の利益独占，現地の官僚政治家と一部華人財閥との結託に対する不満を生じさせ，現政治や貧富の格差への批判が機会あるごとに華人へ向かい，暴動に発展したケースが数度あった．華人はスケープゴートにされやすい立場におかれているのである．

　政界や軍部に参入できない華人はビジネスに没頭するが，経済における優位性が，「国民経済の 70% 支配」との宣伝の下，民衆の為政者への対抗意識，現状に対する不満を華人に向かわせる結果を招きやすい．プリブミ政策（土着民優先政策）により一部の官僚や土着民族系企業も確実に成長してきており，公的経済部門のウエイトも非常に大きくなってきている．商業・流通部

門や上場企業に占める華人系資本のウエイトが大きいことは事実であっても，国民経済の7～8割独占との指摘は政治的に誇張された表現である[2]．

　65年，スハルト大統領による武装クーデターの時に大規模暴動が起こり，30万人を超す華人が殺害された．94年のメタン暴動，98年の今回の暴乱でも華人系住民が殺害，レイプされ，華人系の会社や店舗が集中的に略奪，焼失に遭い，海外に避難した10数万人のうち，相当数はいまだ帰国できないでいる．

　政権交代後，ワヒド大統領はスハルト政権が実施してきた華人差別策の廃止を公言した[3]．その対象に①1967年37号内閣主席令（華人学校・結社禁止令），②1967年内閣主席団通達（中国TionkokとÂ華Tionghoaの呼称を支那Cinaに改定），③1967年第14号大統領令（華人宗教信仰，風俗習慣の禁止），④1968年内政部長令（華人系寺院，廟宇の運営禁止），⑤1978年商業部長令（華人による中国語印刷物の輸入を禁止），⑥1988年新聞印刷業庁長官令（中国語印刷物の発行，広告掲載の禁止）等が含まれる．

　同化政策により，大多数の華僑が現地国籍を取得し，華僑から華人へと身分属性が変わったにもかかわらず，移民であり少数民族であることと，その相対的に大きな経済プレゼンスが，居住国の政治や社会状況の変動にあたり，再びスケープゴートにされうる要因，つまり華人系資本を囲む不安定要因の存在がクローズアップされたわけである．

(2)　ビジネス面におけるダメージ

　金融危機が発生した各国の経済構造が異なるため，華人系資本が居住国（本拠地）と進出先国（海外投資国）で被った影響もまちまちである．通貨暴落国では，多額のドル建外債を抱えた企業の返済負担が大きく，地価・株価が急落した上場企業は資金調達難や，オーナー経営者の持分資産の価値が低下する影響を受けている（含み損ではあるが）．証券・金融界の華人系企業が金融システムの崩壊によって大きなダメージを受け，また責任を問われて政権に接収されたか，倒産したケースが，タイとインドネシアを中心に見

ることができる．

1) 株価の推移にみる影響

『亜洲週刊』（アジアウィーク）誌が公表した華人系企業上位500社ランキングは株式時価総額をベースにしているが，その数値の推移や国別の企業勢力範囲の変化からも金融危機の影響を確認することができる．

同誌は1994年以来，毎年秋季にASEAN5カ国に香港と台湾を加えた7地域を本拠地とする華人系上場企業の株式時価総額による順位の変化，地域別分布を公表している．金融危機の前後で，激しい順位の入れ替え，全企業市場価値の変化があったことが表7-4と7-5からうかがうことができる．表7-4は500社の株式時価総額の推移を示している．経済成長が持続していた時期は華人系資本の市場評価も高く，97年（6月30日末現在）の株式時価総額が前年比約20%の急増を見せたものの，金融危機の発生により，直後の98年は47.9%も急減した．99年には58.2%も増大したにもかかわらず，2000年指標でもいまだに危機発生前の水準に戻っていない．株価指標を用いて評価するならば，資産価値「減」となるわけである．

表7-5は金融通貨危機の震源地となったタイ，インドネシア，フィリピンの華人系資本時価総額とその他地域との格差を如実に物語っている．すなわち，影響度でいえば，台湾・香港は軽微であった．特に産業構造転換に成功した台湾は，電子通信系に引っぱられる形で，ランク入りした企業数も時価

表7-4 華人系企業上位500社の株式時価総額の推移

年	株式時価総額（億ドル）	前年比成長率（%）
1994	4,301.9	—
1995	4,700.2	9.3
1996	5,616.7	19.5
1997	6,880.8	22.5
1998	3,585.0	−47.2
1999	5,668.1	58.2
2000	6,163.5	8.7

出所：『亜洲週刊』各年特集版．

表7-5 地域別華人系企業の株式時価総額比重の推移

年	合計	香港	台湾	マレーシア	シンガポール	タイ	インドネシア	フィリピン
1994	100	35.99	25.54	13.23	9.82	8.06	5.94	1.39
1995	100	29.89	25.08	13.43	11.80	13.44	5.78	1.57
1996	100	35.59	24.87	13.70	11.26	8.23	5.19	3.13
1997	100	37.23	31.42	10.67	8.96	2.60	6.67	2.46
1998	100	31.29	53.60	4.34	6.71	1.54	1.08	1.44
1999	100	32.71	43.67	5.05	11.17	2.44	3.24	1.72
2000	100	36.35	46.06	4.85	8.40	1.71	1.30	1.33

出所：表7-4に同じ．

総額も堅調に推移している．シンガポールも政府の政策誘導の下，被った影響は比較的軽微である．

金融危機が発生して9カ月たった頃，香港に進出していたマレーシア華人系企業集団の創業者が，債務返還のために香港で持株や不動産を処分しはじめていることが香港現地誌によって報道された[4]．「南洋グループ」（南洋はマレーシア・インドネシア地域を指す）と称される6人の所有資産価値の変化も，すべて彼らの傘下上場企業に対する持株の時価の変動による目減りである．馬聯工業（MUI）グループのクー・ケープン（丘継炳）は69%減，金獅集団（Lion corp.）のウイリアム・チン（鐘延森）は42%減，クォクブラザースのロバート・クォク（郭鶴年）は38%減，Hong Leong（マレーシア）のクェク・レンチェン（郭令燦）は56%減，大衆銀行のテー・ホンピオー（鄭鴻標）は50%減，Berjayaグループのタン・チーユン（陳志遠）は44%減である．これら財閥はいずれも80年代から香港に事業拠点を設置し，資本調達や国際投資事業を展開してきた．金融危機の影響が本国マレーシアおよび彼らが投資しているその他のASEAN地域で顕著になって以後，債務返還のために不動産や一部株の処分をする企業も現れている．マスコミの報道はすべて傘下持株会社における彼らオーナーの持分時価の目減分を，その資産損失として算定した．表7-6も同じ視点からの評価である．

表7-6 通貨危機後の華人富豪の資産状況

	所在国	推計資産額（億ドル）			変動幅（%）		
		97年	98年	99年	98/97	99/98	99/97
李兆基	香港	146.6	101.2	111	−31.0	9.7	−24.3
郭炳湘兄弟	香港	123.1	82.3	97	−33.1	17.9	−21.2
李嘉誠	香港	109.8	89.2	127	−18.8	42.4	15.7
蔡道行	インドネシア	72.7	20.3	30	−72.1	47.8	−58.7
郭鶴年	マレーシア	70.1	42.4	45	−39.5	6.1	−35.8
黄廷芳	シンガポール	69.9	48.3	33	−30.9	−31.7	−52.8
郭令明	シンガポール	57.8	28.5	32	−50.7	12.3	−44.6
黄奕聡	インドネシア	54.3	27.0	25	−50.3	−7.4	−54.0

資料：*Forbes Global*, April 6, 1998, July 5, 1999 より作成．

2) 倒産・接収整理された主要事例

　タイでは過剰融資によりバブル経済推進にかかわったファイナンスカンパニー 56 社が営業停止に追い込まれ，いくつかの金融グループに強制再編された．また，商業銀行 8 行が国有化された．これらのほとんどが華人系の所有である．またインドネシアでは前述したように中小華人商店主が襲撃・掠奪されたほか，代表的な華人系コングロマリットであるリム・ショウリョン（林紹良）のサリームグループ傘下企業が同様の仕打ちに遭い，中核企業である中亜銀行（インドネシア最大の商銀）が国有化され，100 社を超すグループ企業の所有権が中央銀行からの特別融資の担保に押さえられた．さらにサリームグループは国際事業のための欧州統括本部である Hagemeger 社（オランダ）とアジア事業統括本部である第一太平集団（香港）傘下企業の所有権を債務返済のため処分したのである．

　香港は通貨防衛に成功したものの，株価・不動産の暴落を経験し，金融会社 Peregrine（百富勤）が整理された．景気が比較的に好調な台湾でも，経営ずさんな中小金融会社や財務体質の弱い総合建設会社が一部倒産に追い込まれた．

(3) シンガポール中華総商会が行った会員企業アンケート調査

　タイやインドネシアの大手財閥や金融系の動きに注目しても，華人系資本全体，特に中小資本の置かれている状況はなかなかつかめない．以下では，シンガポール現地調査から得た資料をもとに，華人系資本一般の被った影響と認識を整理してみたい．

　99年3月末と翌年11月上旬，筆者はASEAN現地企業調査で華人系企業の商工会議所的な存在である中華総商会を訪ねることができた．シンガポール中華総商会は傘下企業に対して，金融危機発生後被ってきた影響と政府が採った施策の効果への評価，および自らの対応策を中心に毎年アンケート調査を行ってきた．同一組織による継続調査として調査結果の利用価値が高いと思われる．シンガポール経済は他のASEAN加盟国と比べると，今回の危機の影響は相対的に低いが，国内企業と周辺地域との経済交流（貿易・投資）面での結びつきが強く，企業経営面で様々なマイナスの影響が出てきていることがうかがえる．

1) 危機発生半年後の最初の調査（1998年1月）

　対象企業（回答者）268社の内訳は商業129，不動産商業関連サービス50，製造業40，運送業17，建築業15，金融関係8，その他9となっている．「影響あり」の回答率が97％にも及び，うち深刻な影響を受けたと認識している企業は全体の54％に達している．企業経営にダメージを受けた側面とし

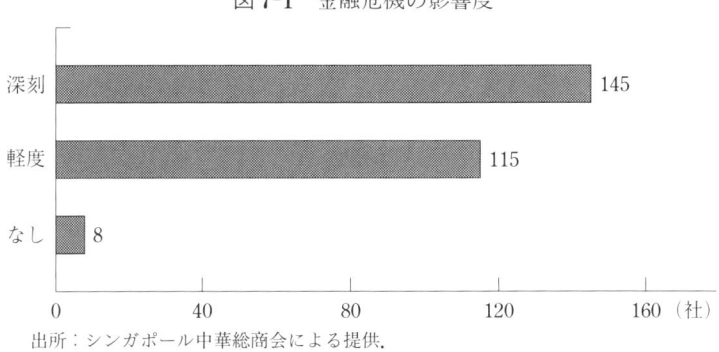

図7-1　金融危機の影響度

	社数
深刻	145
軽度	115
なし	8

出所：シンガポール中華総商会による提供．

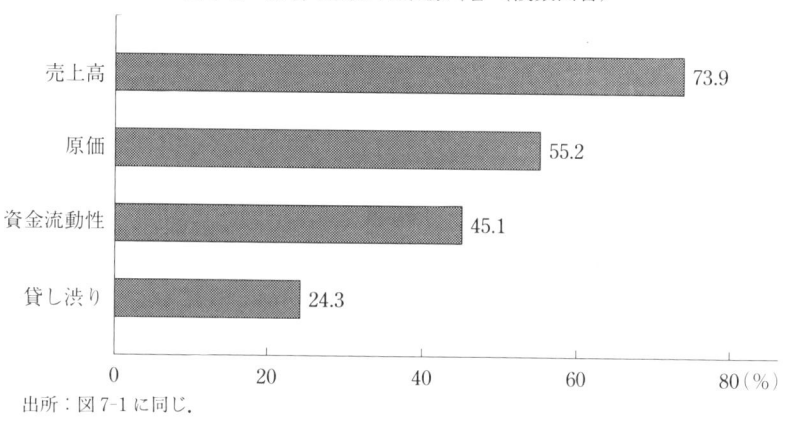

図 7-2 影響を受けた業務内容（複数回答）

- 売上高　73.9
- 原価　55.2
- 資金流動性　45.1
- 貸し渋り　24.3

出所：図 7-1 に同じ．

て，売上低減が 73.9％，コスト上昇 55.2％，資金回転困難 45.1％，貸し渋り被害 24.3％ の順で，幅広い面において影響が出たことをうかがわせている．

通貨価値の下落により，当地域全体の購買力が低下し，製品とサービス需要のいずれもこのようなボトルネックにぶつかったこと，また ASEAN 危機発生国における一部の大型インフラ・プロジェクトの中止もこれに追い打ちをかけている．主に域外から輸入している企業の仕入原価増だけでなく，需要低迷による在庫増も原価の上昇に大きく寄与している．

資金回転の困難については，掛売未収債権の回収難，周辺地域を融資対象にしている場合の貸し出しの焦げ付きも原因の 1 つである．銀行融資利子の引き上げ，貸し出しにかかわる保守的姿勢，一部外資金融系企業の資金の引き上げ等が，企業の資本コスト増をもたらしている．体質が良好で実力を有する企業の投資プロジェクトも影響を免れることができない．

2）2 回目の調査（1998 年 6 月）

同総商会は危機発生 1 周年にあたって，隣国インドネシアの政情が一層不安を深めた折に 2 回目のアンケートを実施し，312 社から回答を得た．第 2 回調査では，商業関係のサンプルが減少し（貿易と小売業計 48.7％），製造業のウエイトが増え，不動産と商業サービスが区分けされた．また，前回に

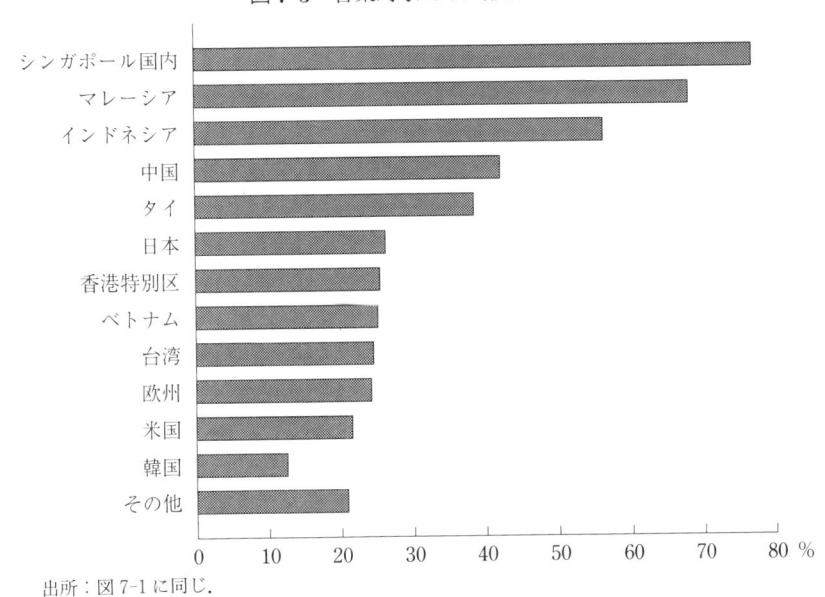

図 7-3 営業対象地域（複数回答）

シンガポール国内
マレーシア
インドネシア
中国
タイ
日本
香港特別区
ベトナム
台湾
欧州
米国
韓国
その他

出所：図 7-1 に同じ．

はなかった質問項目として，営業対象地域（販売または投資）に関するものが加えられた．

前回調査時と比べると，やはり売上減の圧力が大きく，前回をしのぐ 82.1% が収益減と回答した．減少幅にはバラツキがあるが，図 7-4 が示すように，影響が深刻であることがうかがえる．50% 以上減を被った企業の大半が貿易業に属するという．

また，コスト上昇圧力が依然として深刻であり，上昇幅が 10-50% の企業が 5 割を占める．コスト上昇に影響度の大きい項目としては，高い貸し出し金利と各種サービス料負担がいっこうに下がらないことが挙げられ，81.7% の回答者が相当大きな負担を感じているという（図 7-5）．諸サービス料として挙げられた項目は，賃貸料，港湾利用手数料，不動産税，営業税等である．

図7-4 売上低減幅の分布

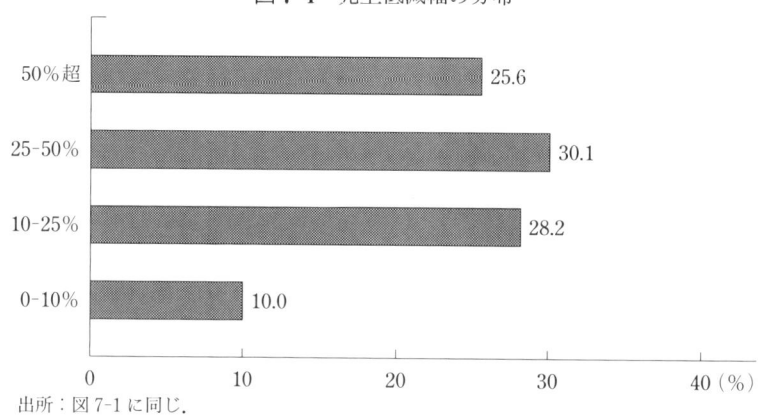

- 50%超: 25.6
- 25-50%: 30.1
- 10-25%: 28.2
- 0-10%: 10.0

出所：図7-1に同じ．

図7-5 コスト上昇幅の分布

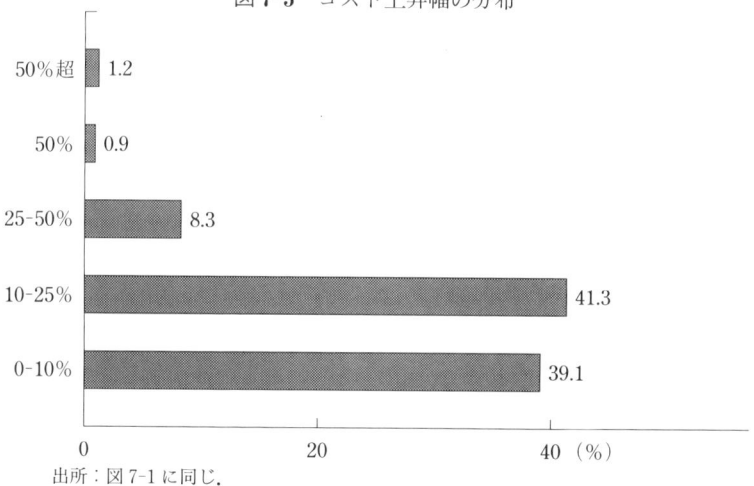

- 50%超: 1.2
- 50%: 0.9
- 25-50%: 8.3
- 10-25%: 41.3
- 0-10%: 39.1

出所：図7-1に同じ．

3) 危機対策および政府に対する支援希望項目

2回目のアンケート調査以降では、どのような自衛策が採られているか、政府に対してどのような対策を期待しているかの調査項目も初回の調査内容に加えられた．98年6月の第2回調査結果では、賃金凍結（50.3%）、市場分散化（40.7%）、経営規模縮小（34.9%）、投資計画の中止（32%）、レイ・

図 7-6　事業予測

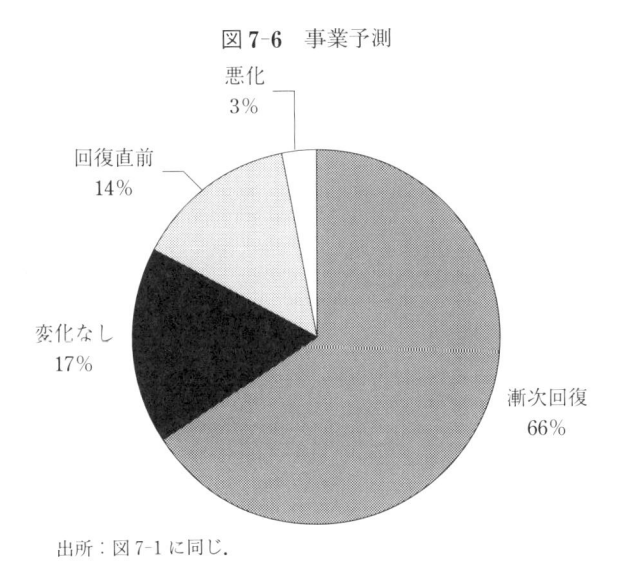

悪化 3%
回復直前 14%
変化なし 17%
漸次回復 66%

出所:図 7-1 に同じ.

オフ (21.1%) が対応策として採られていることが判明した. また, 大多数の企業が政府や公的機関により課されてきた諸種費用の見直し (73.7%), 法人税引き下げ (65.1%), 不動産税 (57.4%), 公共積立金納付 (企業側負担) 分の引き下げ (35.9%) 等, かなり具体的な要求を出した.

シンガポール政府は 98 年 11 月に, 105 億シンガポールドルの企業コスト削減を内容とする予算を公表したが, 必ずしも積極的評価を得ていない. 諸措置のなかでは, 公共積立金 (企業側負担) 分の 10% 削減と不動産税の払い戻し, および水道, 電力, 港湾諸費の削減が歓迎されている.

インドネシア, タイ, マレーシア等の危機国の影響の波及で, 一時的に景気が悪化したシンガポール経済は, 1999 年 8 月現在, 好転しはじめていることが, 中華総商会の調査で確認することができる. 99 年 8 月の 2000 年度政府予算案公表前の企業界要望に関するこのアンケート調査により経営状況の好転と認識している企業の急増 (66%), さらに悪化していくとの認識の急減 (3%) に現れている (図 7-8).

4. タイにおける現地企業ヒアリング調査

以下では，2000年3月中下旬に，筆者がバンコクでヒアリングを行った企業の，金融危機で被った影響，彼らが採った対応措置を紹介しておく．CPグループの中核企業CP FOODS社，中堅財閥U社，大手財閥SAHAグループの中核企業ICC社の3社を中心に紹介する．

(1) CP FOODS社貿易部門総責任者P氏

同社はタイ華人企業グループCPの中核会社の1つとして，事業内容をアグリ・ビジネスに特化し，国内における飼料種子の栽培，飼料加工，食用家禽・鶏類・海産物養殖，食肉加工，生鮮加工品の流通・販売（国内と輸出），ファースト・フード・チェーンの展開といった，川上から川下までカバーする垂直型統合（一貫生産体制）モデルを構築してきた．これら主要分野におけるタイ最大の供給業者として不動の地位を占めているが，所有関係は依然として同族支配を貫いている．

金融危機の発生によって企業業績が悪化した証拠に，上場した1987年以来，売上も純益も連結ベースで逓増してきたのが，1997年の指標では売上が前年比15％増えたものの，初めて赤字に転落したことが挙げられる[5]．前年13億6,700万バーツの実現純益に対して，97年は11億4,400万バーツの欠損を出し，初めて無配となった．

98年に危機対策として組織再編を進め，上場企業4社を1社に集中整理した（3社の上場を中止し，CP FOODS 1社に統合させた）．99年にさらにグループ内6社を完全子会社にした．中核企業傘下には目下直系子会社20（バージン諸島2社とタイ1社計3社の持株会社＝投資会社を含む．すべて持分99％超）と関連会社7社からなるグループをつくり，コアビジネスの高付加価値化に取り組んでいる．さらに増資を行い，債務を減らし，自己資本比率を97年の31％から，98年の45％，99年の66％へと高め，財務

体質の改善を行った.

　バーツ価値の安定,利子率の低下も手伝って財務諸費が大幅に下がった(98年度の対売上比5.6%から99年の2.3%へ半減)ため,業績は急速に回復した.98年,99年の純益がそれぞれ37億3,400万バーツと41億4,100万バーツに上昇し,組織改革,事業再編の効果が顕著に現れている.組織再編に伴う人員削減は一切行わず,効率向上,コスト削減にウエイトを置いたという.

　インタビューに応じてくれた役員P氏は40代前半と若く,数年前に海外駐在を終え本社に戻ったばかりである.華人でありながら,タイ生まれで,タイ人という意識を持っている.親の世代には出生地への郷愁があるのは確かだが,自分たちの世代ではそういう感情はなく,ビジネスの必要上,訪問するにとどまっている.華人であることは自分の従事するビジネス面でプラスになることはあっても,不利益を被ったことはないという.タイの華人がうまく現地に溶け込んだ一面を見せている.

(2) Uグループ会長S氏

　Uグループは文具輸出入,各種機械部品加工,文具製造業,ゴルフ場・リゾート開発など計11社を従える中堅財閥であり,会長のS氏は血縁組織である宗親会現役会長を務めるとともに複数の社会団体の役職を兼任している.

　父親の世代でタイに移民してきて,S氏は2代目となる.12歳の時に経営に失敗しつづける零細雑貨商の父が他界し,生活苦を凌ぐため,小学校4年で退学を余儀なくされ,工場や学生服店での見習いを経て18歳でベルト加工の家庭工場を創業した.ボーイスカウト専用のベルトや警察バッジの独占加工メーカーとして成功した後,80年代以降台湾系資本との合弁で複数の機械部品加工メーカーを設立し,ビジネスの成功による資本蓄積をもとにゴルフ場・リゾート開発に参入した.

　今度の金融危機発生で輸出中心の機械部品加工は大きな影響を受けなかっ

たが，リゾート開発は資金繰り難に直面している．ゴルフ場とリゾートは一体となっており，ゴルフ場の収益も完成した一部の戸建別荘の売れ行きも悪化し，2000年3月現在回復していないという．IMFスキームで金利が大幅に引き上げられ，創業以来の経営不振を経験している．一部の金融系，不動産系企業がバブルをあおるような投資を行ったため，多くの華人系企業が堅実に事業をやってきたにもかかわらず，苦労して今まで築いてきた資産を一夜にして失ってしまった人もいる．S氏は「自分の事業は政府による支援，保護が特になく，保守的経営を持続してきた．しかしそれでも，今度の危機の衝撃を免れることができなかったのは，政府の失策と外国の金融投機筋の悪業のためであり，強い怒りを覚える」と批判．現実に，GEキャピタル社などの欧米資本が金融危機発生後にバンコクで不良債権，物件の買収に入ってきていることに対して根強い批判がある．対策として人件費の削減など自助努力し，景気の回復をひたすら待っているという．

S氏は小学校4年での学業中退を悔み，事業成功後に複数の教育施設へ寄付をしたり，母校移転に伴う新校舎建設費の全額支援を行った．4人の子供をもうけ，長女と次女はそれぞれ米国と英国に留学して学士と修士号を取得した後，長女はCPグループに就職し，次女は在バンコク国連機関に2年間勤務した．現在2人とも親の会社で中間管理職として働いている．息子2人はタイの大学に在学中で，やはり将来事業を継がせる考えである．

(3) ICC社（華人財閥SAHAグループの系列企業）

SAHAグループの中核企業ICCの役員で，傘下の対日合弁企業THAI ITOKIN社社長でもあるY氏から両社の概況を紹介してもらった．Y氏は東京オリンピックの年に来日し，その後東京工業大学（建築科）を卒業．卒業後2年間，大阪の竹中工務店に勤めた．1980年に帰国し，1982年7月にTHAI ITOKINを設立．Y氏は設立メンバーである．

ICC社は，資本金10万バーツと従業員7人でSAHAグループの中核企業の1つとして1964年に設立された．設立後10年目で，資本金300万バー

ツ，従業員 1,200 人に成長した．主にワコール，ARROW（アメリカ），イトキン，GUY LAROCHE（フランス），ラコステ（フランス），ミズノ，グンゼなどの輸入販売で業績を伸ばしてきた．衣類のほかに，自動販売機，コンピューター・サーバー，化粧品やトイレタリー製品も輸入販売している．

　94 年に輸出業務を開始し，95 年，Som Chatusripitak 氏（創業者の三男）が会長に就任するとともに社名を International Cosmetics Public Co.LTD から ICC International Public Co.LTD に変更した．98 年末現在，資本金 5 億バーツ，従業員約 4,100 名である．

　ICC 社は，かつて 300 以上の関連会社（主に ICC の委託生産業者で，独立法人）を傘下に従えていたが，金融危機発生後の整理合併を経て，目下 200 数社に再編されている．日本企業の親会社・子会社のような関係（系列）ではない．独立法人である関連会社は，ICC だけではなく他の企業にも製品を販売・供給している．さらに，ICC への供給をめぐって関連会社同士が互いに競争する関係に再編されている．創業者の哲学として「（グループ内企業間）競争を通じて互いに成長する」ことが掲げられ，組織間関係を構築してきた．つまり，ICC 関連会社だからといって，製品の納入・供給が確保されているわけではない．あくまでも，競争優位にある企業が優先取引対象として選別される．固定した関係に固執しないのである．

　金融危機発生後，国内市場の需要が低迷し，2000 年初頭現在，通貨危機前の 80-90％ までにしか回復されていない．

　ICC 社は 100％ 内需型で（仕入・輸入販売のみで，輸出を一切やっていない）ため，危機の影響が大きい．好景気時に成長を追求するばかりで，合理化努力が足りなかったことを反省している．人為的な人員削減は行っておらず，部門間の人事異動を進めることによって人材のフル活用を目指してきた．経営陣は率先して自分たちの給与を削減した．それ以外の危機対策として，以下の措置をとった．

　（a）在庫管理システムの改革を行った．ICC 側が在庫を抱えていた形から各工場，仕入先での一括管理（ICC がサポート）の仕組みに転換し，

在庫リスクをなくし，一部在庫コストの削減を実現した．
(b) マーケット志向・顧客中心のビジネス展開を目指す措置．消費者情報のフィードバックを徹底させる努力．

企業文化を示すものとして，管理幹部と社員との間の壁を一切なくし，トップ管理職は個室を持たず，大部屋の簡易事務所で他の社員と一緒に仕事に取り組む姿勢が見られた．会長も例外ではない（簡素なオフィスビル，シンプルな内装や重役室の様子をすべて見せてもらった）．チームワークの重視や人材養成の重視を常に経営戦略の中心においている．また，すべての幹部にパソコン操作の熟練を要求し，部門別業績管理を徹底している．経費削減努力の一環として，企業年報をすべて社内の資源を動員して自ら出版するようにした．

ICCは日本留学経験者を10人ほど雇い入れており，日本側のパートナーとの意思疎通に問題が生じたことはない．日・タイ貿易関係の改善に大きく貢献したことで当時の小渕首相から感謝状を贈られたこともある．合弁企業I社の経営について，Y氏は次のように評価している．①東洋的，仏教的な理念に基づいた経営管理を実践しており，相互信頼が厚く，摩擦が少ない（表面化することがない）．②社員の責任感の持ち方に大きな開きがあり，日系社員から見れば，タイ現地社員にルーズさが目立つ．

5. 金融危機の示唆する意味

金融危機発生の真因については，様々な原因説が打ち出されているが，いまだに定説があるわけではない．華人系資本は金融危機の被害者である一方，一部地域では過剰投資によりバブルをあおったとの報道もある．これまで，東アジア諸国の経済開発政策によって与えられた機会を享受し，輸出産業面で政策の執行者として大きな貢献もしてきた．居住国資本，住民として当然のことである．金融危機の発生は，東アジア地域の華人系資本にとっては下記の諸側面において重要な意味を有している．

(1) 「華人問題」への関心を再喚起

ASEAN では華人や華人系資本に対して一律の平等な政策で扱っているわけではない．一部の国では歴史的要因や政治的理由により，現地に同化しながらも政治的に表舞台に立てないという厳しい環境が依然として存在する．金融危機が発生した諸国で，彼らが被った影響が異なることが問題の一面を物語っている．たとえばインドネシアでは華人は政治的にも心身にも被害を受けたが，タイではこのような問題はまったく発生しなかった（第2次大戦後，中国語教育の禁止政策等一時的に差別政策を採った時期もあったが）．また，華人系資本の一部に政商資本が存在するのも現実である．だが，これを華人系資本全体に当てはめて批評するべきではない[6]．また，保守的な経営行動と財務構造を有する華人系資本もあるが，不動産，金融市場で投機的行動や無謀な事業の多角化で財務構造を悪化させた企業も存在している．タイの証券・金融系の華人資本が政府によって再編の対象にされたのも，これら企業の不謹慎な投資行動のしっぺ返しの結果であろう．他方，財務体質が非常に健全な企業まで，株価の暴落，資産価値の低下を被らざるを得ない状況は，やはり金融通貨危機発生の正常でない一面を示しているのではないかと認識している．

(2) 対中関係再考の契機

東アジア華人系資本は居住国以外の地域でも広範な投資活動を展開させてきた．市場経済化が進む中国がその重点投資拠点のひとつとされ，今回の金融危機の発生が対中国関係の再認識の契機を与えたと言える．通貨危機によるダメージは，国や地域によって大きな格差が見られ，外資の積極的導入と輸出志向戦略を ASEAN 諸国同様に採りながら間接資本に門戸を閉ざした中国は，直接的な影響を受けなかった．中国人民元の切り下げが不可避と喧伝されながら，元の防衛の成功が中国対内直接投資に絶対的シェアを占める華人系資本の資産を結果的に守ったのである．「南向政策」を採った台湾の資本や大きな被害を被った ASEAN 華人資本にとっては，とりわけ双方の

相互依存，相互補完関係構築の結果がクローズアップされた．

(3) 多国籍資本としての事業戦略再編への影響

華人系資本の多くは，居住国における経済開発の恩恵を受け成長を遂げながら，多角化と多国籍化を追い求めてきた．その対外投資の促進要因として①資源確保，②原価節減，③市場開拓・確保のような，かつて先進国の多国籍資本が追求した目的を挙げることができる．また，居住国における規制，重税負担の回避，および投資先の外資誘致奨励条件の享受等，いわゆるプッシュ要因とプル要因も働いている．金融危機の発生およびIT革命の進展でグローバル化による新たな洗礼を受け，その事業戦略再編のあり方が問われている．

金融危機発生後に各企業が採った対応策には大きな違いがみられる．インドネシアの大手財閥のなかには政治との絡みもあって，資産を押収されたり，一時国有化されたりして身動きもできない会社がある一方，財務体質が良好で企業家精神が旺盛な企業は積極的に投資を推進している[7]．逆境での事業開拓の経験と国境にとらわれない事業ネットワークを有する大手財閥系企業は危機をマイナスに捉えるのではなく，ハイリスク・ハイリターンの姿勢で受け止める傾向が強い．

むすび——華人系資本研究の課題と展望

第1章で述べたように，華人社会および華人資本は居住国や外部の環境変化の影響を受け，多様性，多重構造を呈してきた．華人研究は主に歴史的・文化的アプローチであったが，経済的プレゼンスの増加により経済的アプローチが盛んになった．しかしながら諸種の原因によって華人系企業経営に関する包括的研究がなされてこなかった．

筆者は自らの関心領域，問題意識をもとに，華人系資本に対して企業家精神の由来，企業統治構造，財務構造，ネットワーク構築のあり方等いくつか

の側面に焦点を絞り，アプローチを試みた．複数回にわたるヒアリング調査，資料収集，共同研究の成果を踏まえて，このような側面の特徴をクローズアップさせることができたと認識している．企業家精神については経済学や社会学における研究系譜を整理した上で，移民経済特有の社会的背景，環境への適応，環境との協働，教育的バックグラウンドなどの要素から華人系企業家の企業精神の誕生を考察した．企業統治構造については普遍的に見られる同族経営支配のあり方，特に事業継承の評価を中心に議論した．財務構造分析は資本調達様式，資本構成にウェイトをおき，華人系企業の強い保守志向すなわち経営の安全性重視を検証した．ネットワーク構築についてはその多重な構造，経済学的意味合いを明確にした上で，実態調査を踏まえながら華人系企業間の取引関係，集団組織形成を検証した．それぞれの分析に当たって，比較の視点を取り入れている．

　企業の経営システムは経営者の固有の文化（価値観）によって規定される側面が強い．華人系企業の場合も例外ではないが，さらに居住国の文化，社会環境，創業者以後の世代の価値観の形成，変化からも同様に影響を受ける．居住国の民族政策の変遷，金融危機の発生のような急激な外部環境の変化もあれば，企業自身の選択の結果として生み出されるものも企業の戦略や組織のあり方に制約を与えることになる．

　環境の変化に合わせて，華人系資本が自らの経営戦略を変えてきた側面がいろいろな形で確認することができる．北米の主流社会向けビジネスにおける契約関係重視への姿勢転換はその典型である．また，東南アジアの華人企業家によって採られている文化戦略として，次の4つのものが知られている[8]．①中国文化を放棄せず，故郷に錦を飾るタイプ，②居住国の民族政策による完全同化は不可避と認識し，財産保全のために権力者と特別な関係を結ぶタイプ，③華人色が強い他地域に移住し，創業・事業運営，財産移転をしながら華人の身分を保持するタイプ，④財産・富により社会が公認するリーダーとなり，影響力を保持して居住国への忠誠を誓いながら，中国文化の特色を保ち，居住国と父祖地との経済関係強化に貢献するタイプ等である．

台湾，香港，マカオ等の中国地域の華人系資本は東南アジア諸地域のような民族問題を抱えていないが，政治的緊張関係におかれてきた側面があり，広い意味で，経営環境の頻繁な変化を経験しており，相応の保身的経営戦略をかねてから採ってきたのである．

　企業家精神分析で対象にした3つの華人系企業家の事例はいずれも知識集約型ビジネスに従事しており，彼らの企業経営はアジア金融危機の影響を受けなかったが，今度の米国におけるネットバブルの影響をもろに受けている（株価下落，業績の低迷）．このような経済環境の激変にいかに対応していくか，真なる企業家精神を発揮しうるかは今こそ問われており，今後の研究のなかで引き続き追跡していきたい．

　本書では，企業経営システムのサブシステムとしての組織・戦略プロセス等具体的諸側面については十分な掘り下げ，展開ができなかった．財務構造分析に当たってデータの蓄積の制約もあり，限られた視点からの分析にとどめた．これらを今後の研究課題としていくつもりである．

　注
1) 詳細は次の文献を参照．荒巻健二『アジア通貨危機とIMF』日本経済評論社，1999年．日下部元雄・坂本善雄『アジアの金融危機は終わったか』日本評論社，1999年．近藤健彦・中島精也・林康史『アジア通貨危機の経済学』東洋経済新報社，1998年．
2) 小黒啓一「模索するインドネシアの華人資本」『東アジアレビュー』1998年11月，14-17ページ．白石隆『インドネシア国家と政治』リブロポート，1992年．
3) 「瓦希徳承諾廃除岐視華人法規」『地平線月刊』2000年1月号，20ページ．
4) 「馬国巨富落難－売産救亡累香港」『東週刊』1998年5月7日．
5) CPF, *Annual Report*, 1999を参照のこと．植田和男「アジア危機を経験して」『海外投資研究月報』1998年5月号．
6) いわゆる「華人問題」とは東南アジアにおいて華人が特殊な少数民族として扱われてきた問題である．すなわち，①華人人口は居住国において極めて少ないが，経済的に重要な位置にあること，②マイノリティでありながら，父祖の地の中国が文明発祥の地のひとつであることから民族として優越感を抱き，土着民族との交わりのなかでこれを露呈しがちであること，③華人企業家は大きな影響力を有する利益集団（商工団体など）を作っているが，土着民族からなる支配階級との

かかわりのなかで，異なる利益集団間の利害衝突に巻き込まれやすいこと（土着の不満勢力が反旗を翻し，それによって政変が起こった際は，旧勢力と協力関係にあった華人は往々にしてスケープゴートになりやすい），などにその特殊性が認識される．華人は現地政治への積極的参加，現地国の経済の順調な発展により自らの安全を確保できよう．関連の議論について次の文献を参照．曹雲華「東南亜華人的困境与出路」『全球華社網』（シンガポール）2000年12月11日．

7) 金融危機による個別地域の主要華人財閥への影響およびそれら企業への対応については次の文献を参照．朱炎『アジア華人企業グループの実力』ダイヤモンド社，2000年．蔡林海『アジア危機に挑む華人ネットワーク』東洋経済新報社，1998年．

なお，本章で取りあげたシンガポール中華総商会による会員企業アンケート調査資料およびタイでの企業ヒアリングは，文部省科学研究費助成プロジェクト「アジア系企業ネットワークに関する比較研究」にかかわる現地調査に負っている．

8) 華人系企業家による事業環境変化への柔軟な対応について，王賡武の見解が示唆的である．王賡武「華人企業家及其文化戦略」世界華商大会第二次大会（香港）における講演．また東南アジア経済における華人系資本の変遷・位置づけについては，次の文献を参照されたい．岩崎育夫『華人資本の政治経済学』東洋経済新報社，1997年．

索　引

ACER　　79, 126, 150, 153-6, 158, 169
APP 社　　134
Artzt, Russ　　44
ASEAN　　4, 7, 26, 28, 66, 91, 100, 105-6, 123, 136, 141, 143, 177, 179-80, 182-3, 192
Berle, Adolf　　59, 61
Business Week 誌　　50-1, 92, 105
CEO（最高経営責任者）　　42-7, 57, 81
CISCO　　41, 52
COMPAQ　　127
Computer Associates International（CA 社）　　23, 44-7
CP FOODS 社　　187-8
Drucker, Peter　　32-4, 53, 55, 86
Filo, David　　41-2
Forbes 誌　　47, 92, 110
Fortune 誌　　92, 108, 110
Gates, Bill　　48
GATT 18 条　　97
GE キャピタル社　　189
Hagemeeger 社　　181
Hébert, Robert　　32
Hong Leong　　38, 180
HP　　52
IBM　　52, 81, 127, 154-5
ICC 社　　187, 189-91
IMF　　103, 173-5
　——8 条国　　97
　——ショック　　149
　——スキーム　　175, 189
IT 革命　　49, 149, 152, 154, 167, 193
IT コンセプト　　48-9, 53
Koogle, Tim　　42
Kumar, Sanjay　　46
Link, Albert　　32
M&A　　41, 44-6, 49-52, 57

Madoc, Robert　　48
MBA　　45, 85, 151
Means, Gardinar　　59, 61
NOKIA　　127
ODM（委託設計）　　152, 154
OEM（委託生産）　　98, 128, 150-5, 157-9, 162, 169
ORACLE　　41, 52
PCC 社（Pacific Convergence Co.）　　38, 47-53, 57
Peregrine　　181
SAHA グループ　　187, 189-91
Schumpeter, Joseph　　32-4, 55
Simon, Murray　　80
Star TV　　38, 47-9, 53
THAI ITOKIN 社　　189
Tien Chang Lin（田長霖）　　12
Wang, An　　81
Wang, Charles　　44-7, 56, 137
Wang, Fred　　81
Wang Laboratories Inc.　　23, 81
Weber, Max　　72
Wilson, Pete　　12
WTO 加盟　　129-30, 161
Yahoo!　　23, 41-3, 52, 57
Yang, Jerry（楊致遠）　　41-3, 56-7

ア　行

愛社精神　　46, 156
アイデンティティ　　2, 13-8, 26
アグリ・ビジネス　　187
アサヒビール　　134
アジア・太平洋系アメリカ人　　7, 9, 12
アジア金融危機　　1, 48, 93-4, 102, 105, 109, 111, 130, 141, 145, 149-50, 173-95
アジア系製造業協会　　23
『亜洲週刊』　　92, 105, 141, 179

197

アストラ・グループ　81
アリババ型事業運営パターン　4
アリババ型法人　75
意思決定　24, 36, 61, 65, 67-8, 76, 93, 134, 145, 155, 168
威盛電子　38
伊藤忠　134
イノベーション（革新）　32-4, 43, 55-7, 77, 134
移民
　アジア・太平洋系――　11, 21
　華人――　4-12, 20, 31
　華人系――　35, 74
　旧――　10, 13-5, 36
　合法――　11
　集団――　12
　――自由法　7
　新――　6-8, 11, 13, 15, 18, 22, 25-6, 36
　親族――　7, 15
　反――　9
　香港系――　13
　――枠　6, 14-5
インセンティブ　44, 60-1
インターネットビジネス　23, 39, 41-3, 48-50, 52-3, 57
インテル社　48, 50-3
ウィー，ホンリョン（黄鴻年）　133
ウン，テンチュン（王晶昌）　116
永住権枠　15
永続経営　167
エクイティファイナンス　93, 101
エクイティローン　93
エージェンシー理論　59, 63
王永慶　38
王雪紅　38
王文洋　84
小渕首相　191

カ　行

会計監査機能　65
外資企業対中投資ガイドライン　129
外資規制・排斥　129
会社更生法　94
会社法　61, 64
外資優遇政策　122
海南　115
華僑　2
　愛国――　16-7
　――商法　91
家業　79, 168
華僑・華人投資優遇政策　122
科挙制度　72
学縁　113
華工　2, 5-6
華工入境禁止法　6
加工輸出　124
貸し渋り　183
貸し出し金利　184
華商　2-3
過剰融資　181
華人　1-2, 15, 23
　――エンジニア　23, 38
　広東系――　15
　――企業家　16, 48, 53
　――経済　57
　――権益促進活動家　11
　――社会　2, 11-8
　――団体　2, 11, 17
　――排斥　4-7, 14-5, 18, 177-8
　――文化　82
華人系企業　2, 21, 23, 27, 37, 40, 60, 91, 107
華人系銀行　100
華人系経済　1, 18, 28
華人系エンジニア協会　23, 40
華人網絡有限公司　114
家族主義　14, 37, 68, 70-5, 86, 118, 145
価値観　62, 71-2, 79, 82, 86, 169
　アジア的――　55
　欧米的――　39
　儒教的――　36, 71-2, 79, 85

中国的——　　37, 73
合併　130-6
華南経済圏　1
株式会社　59-65
株主　59-62, 67, 96, 106
　　——主権　59-60, 62-3, 65, 85
　　——総会　61, 63, 67
　　——代表訴訟制度　65
華民　2
借入チャンネル　95
カリフォルニア大学公共政策研究所　39
カリフォルニア大学バークレー校　12, 23, 39
カリフォルニア民権議案　12
カリフォルニア労働党　6
為替変動　109, 148
韓国（系）企業　73, 102-4
監査委員会　64
監査役　61, 64-5
漢人　2
間接資本供与　103
間接所有　66
間接投資　173
広東　115
管理者資本主義　54
管理様式　70
官僚システム　47, 70, 72
機関投資家　62
企業家　32-6, 54-7
　移民——　35
　　——精神　22, 24, 31-57, 81, 87, 146, 193-4
　知識型——　56-7
　　——的資質　36, 50
　　——的柔道　53
　　——の貴族化　54
　　——資本主義　54, 68
企業間関係　24, 142-4
企業形態　60, 69
企業集団　52, 63, 68, 78-9, 83, 94, 131, 142, 144, 168
企業統治　2, 24, 37, 59-87
　ドイツ型——　63
　日本型——　63
　米英型——　63
　労働者参加型の——　64
企業文化　2, 39, 44, 144, 170, 191
企業ランキング　51, 67, 91-2, 105, 108, 110, 141, 149, 153-4, 179
議決権　61, 67
危険負担行為　32
技術集約型産業　143, 166
技術提携　131, 158, 161
技術的突破　34
規制緩和　129, 166, 173
擬制資本市場　51
機能資本家　61
規模の経済性　113
業縁　113-4, 169
行政主管部門　131-2
強制同化政策　2, 18, 26, 177
業績評価制度　47, 134
競争優位性　55, 146-9
僑族　16
業務監査機能　65
僑務政策　16
玉山科学技術協会　23, 40
局地経済圏　141
緊急融資支援　174
近代的企業　33, 60
金融システム　100, 142, 174
金融自由化　173
クェク・ホンプン（郭芳楓）　38
クェク・レンチェン（郭令燦）　180
クェク，レンジョー（郭令裕）　116
クォク，ロバート（郭鶴年）　180
クォクブラザース　180
繰延税金　96
クローニー・キャピタリズム　175
グローバル・ロジスティクス生産方式　154

索引　199

グローバル化　56, 60, 78, 149, 193
ゲアリ法　6
経営効率　109, 153
経営国際化　25, 66
経営システム　78, 141, 170
経営執行担当者　61
経営支配　62, 73, 78-9, 86
経営者　59
　　オーナー――　34, 55, 67-8, 70, 75, 79-80, 86-7, 93, 106, 178
　　――革命　61
　　――権限行使の適正化　62
　　――支配　59, 62
　　二世――　83-4
　　雇われ――　55
経営戦略　87, 191
経営多角化　65-6, 74
敬業精神　85
経済中心主義　17, 116
経済部投資審議会　17
系列　144, 164, 190
血縁（関係）　15, 24, 36, 71, 75, 79, 82, 113-5, 169
　　非――　25
血縁者　37, 68, 73-5, 78
　　非――　74
権益保護　9-12
現地化　4
コア・コンピタンス　98, 153
コアビジネス　49, 187
黄宗宏　84
広域経済圏　1
工業調整法　75
合資会社　60
高貯蓄率　101
郷鎮企業　165
公平性の原則　70
合弁　75, 130, 158-9, 169
合名会社　60
国籍法　2
国民党政権　15-7

国民党駐米総支部　17
国有企業　129-36, 165
個人企業　60
固定請求権　61
固定相場制　173, 175
コロンビア大学　44
コングロマリット（複合企業）　52, 103, 106-10
コンピューター科学　56

サ　行

在庫管理システム　190
財テク　53, 56, 94
財閥　50, 69, 103, 143-4
　　――解体　69, 74
　　華人系――　93, 100
　　――系企業　53, 79
　　――系資本　36, 79-80, 168
サイバーポート（Cyber Port）　48-9, 52-3
財務会計制度　91
財務構造　2, 24, 74, 91-111, 168, 192
財務指標　96, 104-6
財務体質　94, 97-104, 187, 192-3
財務レバレッジ　96
サブグループ化　74
サプライチェーン　158
サポーティング産業　125
サリームグループ　181
三縁　169
産業空洞化　125, 129, 146, 165
産業構造　129, 142-4, 167
三通禁止条例　125
「サンドイッチ」構造　177
参入障壁　156
サンフランシスコ　4, 17, 93
サンフランシスコ市都市圏　9
サンフランシスコ湾域　8, 12-3, 23, 39
残余請求権　61
事業継承　27, 37, 49, 53, 55-6, 68, 78-85, 156, 168

事業免許制　75	女子労働者　22
資金借入依存　101	ジョブ・ホッピング（離職）　149
資金調達　49, 93-5	所有と経営　24, 59, 61-2, 65, 70-1, 82, 86-7
自己資本　95-7, 101-3	
自己資本比率　92, 96-104, 111, 187	所有と支配　59, 61-2
自己資本利益率　96, 105, 107	所有の分散　61-2, 65, 70
市場経済システム　141	シリコンバレー　9, 23, 28, 35, 38-41, 57, 79
市場シェア　103	
下請けシステム　144, 146, 152, 159, 164	新移民法　14, 18
私的資金融通　92, 94	シンガポール中華総商会　182-6
シナル・マス（Sinar Mas）　133	シンガポールテレコム　49-50, 57
資本	新興工業国　148
産業——　22, 61	シンジケートローン　93
独占——　130	人事　45, 80
台湾系——　17, 23, 94, 127-8, 141-70	人種差別　38
土着——　3, 22	親大陸派　16-7
日系——　1	親台湾派　16-7
東アジア華人系——　28	仁宝社　126
東アジア系——　56	人脈　40, 113-4
資本市場　63	翠勝工商会　17
資本蓄積　15, 22, 35, 37, 143	垂直型統合　187
資本調達　60, 93-5, 105, 120, 180	垂直分業　152, 163
資本の効率性　92, 105	水平分業　125, 152, 163
ジャーディン-マセソン家　69	スタンフォード大学　23, 41, 47-8, 53
収益構造　50, 106	ストックオプション　43, 47, 134
収益性　92, 96, 105-6	スハルト大統領　178
従業員支配　65	スピンアウト　152, 169
終身雇用制　149	スピンオフ　37, 41
集団居住区　13	スマ銀行　81
儒教　71-5, 82, 115	政商　75, 177, 192
——文化　36, 73, 83, 118, 149	西武　69
珠江デルタ　4, 125, 127, 168	世界華商大会　114, 136
主流社会　11, 20, 24-7	世界最適調達方式　164
商会　24, 114	セコイア社（SEQUOIA CAPITAL）　41
商業資本　1, 141, 168	
『商業週刊』　82, 99, 149	世襲　74
証券取引市場　65	世代交代　68, 78-82
上場企業　24, 78, 91	積極的差別是正措置（Affirmative Action Program）　9-12, 26
少数民族　11-2, 178	
少数民族委員会　11	セントラル・パシフィック・レイルウェイ　5
植民地主義　3, 31, 73, 177	

索　引　　201

専門管理者　　57, 68, 70
専門技術職　　18, 22
専門経営者　　33, 37, 43, 54, 60-4, 74, 78, 80, 84, 87
創業　　25, 31-41, 55-7, 145-6
創業者　　25, 34-43, 46, 55, 65-6, 79-80, 82, 85, 156, 169
相互補完関係　　122, 124-9, 136, 158, 163
相互持合　　63, 134
宗親会　　24, 93, 114-5, 188
総負債比率　　103-4
組織間関係　　25, 190
組織構築　　114, 129, 188
祖先崇拝　　72
「外請」制度　　152
ソフトバンク　　42, 52
孫文　　16

タ　行

第一太平集団　　181
対外開放政策　　15, 120-1, 124, 132, 168
対外債務　　176
貸借対照表　　95
台達電子　　126
台鳳　　84
台湾（系）企業　　25, 82-5, 93-5, 97-102, 128, 141-70
台湾経済部工業局　　158, 160, 164
台湾元高　　160
台湾対外貿易協会　　160
台湾的経営　　170
台湾プラスチック（グループ）　　38, 84, 144, 168-9
多角化経営　　22
多元的文化社会　　18, 26
多元文化政策　　2
多国籍企業　　53, 120, 127, 130
タックスヘイブン（租税回避地）　　53, 119, 123
他人資本　　95, 97, 101
タン，カキー（陳嘉庚）　　16, 116

地域経済統合　　141
地域統括本部　　120-3
地縁　　15, 24, 36, 113-5, 169
地下経済　　95
知識型産業　　107
致伸電子　　126
チャイナタウン　　6, 8-9, 11, 13-8, 21, 24-8, 36, 93, 106
中亜銀行　　181
中衛体系　　144
中華経済圏　　1
中華専門家協会　　40
中華総会館　　17
中華総商会　　17, 114, 116
中間財　　125
中国共産党政権　　15
中国地域　　13, 25, 27, 31, 119-29
中国的経営　　170
中国文化　　25, 81, 118-9, 168
中国本土　　1-2, 15-6, 120-4, 142-3
中策集団　　133-6
駐サンフランシスコ中国領事　　17
忠誠心　　45, 78, 137
超高金利政策　　173
長江グループ　　47-9, 51, 53, 56, 80
長江実業　　38, 47, 80
潮州　　115
直接金融　　101
直接所有　　66
直接投資　　141, 146, 173
　契約ベース——　　130
　対中——　　16
通貨防衛　　181
提携戦略　　154, 158-9, 169
太平洋沿岸反苦力協会（the Pacific Coast Anti-Coolie Association）　　6
デュポン家　　69
デル社　　158
天安門事件　　15
伝統産業　　57, 80, 84, 143, 153, 165-70
伝統的中国社会　　13, 24-7, 37, 85, 117

東莞市　　　　　125
動機づけ契約　　59
同郷会　　　　　24, 93, 114, 119
同業者組合　　　116
投資信託　　　　63
投資リスク　　　60, 96
唐人　　　　　　2
同族企業　　　　68-87
　華人系——　　27
　家父長式の——　70-1
　原始的——　　70
同族経営　　　　37, 55, 67-71, 75-87, 168
同族継承者　　　55
同族支配　　　　61, 65-71, 187
同族メンバー　　67-8, 76
　非——　　　　37, 74
土着民　　　　　3, 18, 26, 73, 75, 177
　——優遇政策　4, 18, 75, 177
トップマネジメント・グループ　33, 87
トヨタ　　　　　69
取締役　　　　　63-5, 67
　——会　　　　61-2, 64, 67
　社外——　　　63, 65
　——総会　　　63
　代表——　　　61, 64
　——派遣　　　64
取引関係　　　　144
取引コスト　　　116, 119
ドル・ペッグ制　109, 173

　　　　　　　ナ　行

南洋開発　　　　2, 73
南洋グループ　　180
ネットワーク　　2, 15, 24, 57, 113-37
　縁戚——　　　31, 114-9
　華人——　　　136-7
　血縁——　　　115
　個人——　　　114, 137
　事業——　　　40, 124, 136
　人的——　　　1, 117-9, 152
　同族——　　　114

　——取引　　　24
　——の経済性　113, 116
　ビジネス——　86, 118
　ピラミッド型——　136
能力主義　　　　39, 77

　　　　　　　ハ　行

廃業　　　　　　75, 145-6
買収　　　　　　63, 130-6
ハイテクパーク　48, 143
背任行為　　　　65, 74, 87
白手起家　　　　36-7, 57
破産法　　　　　131
パシフィック・センチュリー社（Pacific Century Co.）　47-8, 80
バスケット制　　173
ハチソン・ワンポア社　48, 52-3, 80, 110
バーチャル企業　158
バーチャル統合　158
バブル崩壊　　　94, 174
バリューチェーン　158
範囲の経済性　　113
ハンセン指数　　109
比較優位　　　　137, 155-8, 163, 165
ビッグ・ディーリング計画　104
ビッグビジネス　69, 92, 110
ファイナンスカンパニー　181
ファースト・フード・ビジネス・モデル　153-6
ファミリービジネス　21, 24
ファンダメンタルズ　175-6
フォード家　　　69
付加価値曲線　　156-7
負債コスト　　　96
負債総額　　　　95
負債比率　　　　96-7
父祖地　　　　　2, 11, 13, 15-7, 73, 115-6
福建　　　　　　115
不法入国者　　　15
ブミプトラ政策　75

ブランド　　150, 154, 156-8
プリブミ政策　　75, 177
フレックス・タイム制　　47
プロダクト・ライフサイクル　　153
ブロードバンド　　52
文化大革命　　16
分業協業体制　　25
分業システム　　150-3
米国華商総会　　17
米国労働者訓練基金　　12
米中摩擦　　128
ベンチャー・キャピタル　　38-43
　　アジア系──　　40
ベンチャー企業　　9, 23, 25, 32, 37, 39, 96
　　華人系ハイテク──　　23
　　ハイテク──　　1, 28, 35, 144, 149
　　中小──　　79, 169
変動相場制　　173
貿易依存度　　125
貿易格差　　159-60
冒険精神　　35, 55
報酬決定契約制度　　63
報酬専門委員会　　63
法人　　64, 69
ポストPC時代　　156-8
香港系企業　　51
香港テレコム　　48-51, 57
香港聯合証券取引所　　50-1

マ　行

マイクロソフト　　43-4, 52, 96
マイノリティ　　26
マクロ経済環境　　94, 148
マーケティング戦略　　45
松下　　69
マルチメディアチャンネル　　52
民族　　8, 21, 26, 177
　　──主義　　3
　　──問題　　75, 136, 168, 177-8
無限責任　　60
無尽講　　92, 94-5

持株会社　　66-9, 136, 180, 187
　　純粋──　　66-7
持株支配　　51, 135
モニタリング構造　　59-60, 68
モラルハザード　　59-60, 64, 175
モルガン家　　69

ヤ　行

有限責任　　60
輸出依存度　　148
輸出加工工業団地　　143
輸出志向型の工業化　　141-4, 152, 159, 165-8, 173
吉森賢　　54

ラ　行

李嘉誠　　38, 47-9, 51-3, 80-1
リー・クアンユー（李光耀）　　114, 136
李登輝　　17
リー、ビクター（李沢鉅）　　53, 80
リー、リチャード（李沢楷）　　38, 47-53, 56-7, 80
利益配当請求権　　61
離職率　　149
リーダーシップ　　25, 36, 78, 156
リム・ショウリョン（林紹良）　　181
留学　　7, 15, 36-9, 79-80, 169
両岸関係　　15, 123-9, 161-5
霖園集団　　83
レイ・オフ　　45
連想集団（レジェンド・ホールディングス）　　50
労使紛争　　148-9
労働組合　　64
労働集約型産業　　22, 130, 143, 165
ロスチャイルド家　　69
ロックフェラー家　　69

ワ　行

ワヒド大統領　　178
ワンセット主義　　97

〔著者紹介〕

王　効平（Wang Xiao Ping）
ワン　ショウピン

北九州大学経済学部教授．1962年生まれ．1990年九州大学大学院経済学研究科博士課程修了．経済学博士．（財）国際東アジア研究センター研究員を経て，1992年北九州大学商学部（現経済学部）助教授．2000年より現職．専攻：企業分析，国際経営比較．
主要業績：『国際経済交流圏の時代』（共著，大明堂）
　　　　　『華僑華人経済』（共著，ダイヤモンド社）
　　　　　『地域企業のグローバル経営戦略』（共著，九州大学出版会）

華人系資本の企業経営

2001年7月30日　第1刷発行
　　　　　　　　　定価（本体2800円＋税）

著　者　　王　　　　効　　平
発行者　　栗　原　哲　也
発行所　　㈱日本経済評論社
　〒101-0051　東京都千代田区神田神保町3-2
　　電話 03-3230-1661　FAX 03-3265-2993
　　　　　　振替 00130-3-157198

装丁＊渡辺美知子　　　シナノ印刷・山本製本

落丁本・乱丁本はお取替えいたします　　Printed in Japan
　　　　© Wang Xiao Ping, 2001
　　　　ISBN4-8188-1342-7

本書の全部または一部を無断で複写複製（コピー）することは，著作権法上での例外を除き，禁じられています．本書からの複写を希望される場合は，小社にご連絡ください．

通貨危機の政治経済学 21世紀システムの展望	上川・新岡・増田編	4700円
アジア通貨危機とIMF	荒巻健二著	2800円
化粧品工業の比較経営史 経営戦略からみた中国と日本	房 文慧著	6000円
日本企業のアジア展開 アジア通貨危機の歴史的背景	小林英夫著	2800円
「現代アジア」のダイナミズムと日本 社会文化と経済開発	高崎経済大附属産業研編	3500円
市場化時代の地域経済 アジアと九州の経済発展	鹿児島経済大地域総研編	3500円
金融危機と革新 歴史から現代へ	伊藤・靏見・浅井編	4200円
グローバル・ファイナンス 大競争時代の経営と金融	林直嗣・洞口治夫編	2400円
アジア経済危機を読み解く 雁は飛んでいるか	進藤栄一編	2800円

表示価格は本体価格（税別）です